创客教育系列丛书

电脑创作

胡永跃　主　编

袁　港　赵超鸿　副主编

清华大学出版社

北京

内 容 简 介

本书为创客教育系列丛书的初中第一册，内容包括数字创作、创意编程和人工智能三部分。在"数字创作"部分，以"制作班徽"为项目范例，引领同学们利用绘画、网页、动画、小视频等方式，来呈现创意，完成数字作品的创作；在"创意编程"部分，以"美丽的分形树"为项目范例，通过完成画"半圆桥"、画"方块田"、找最佳路径、绘制二维码等任务，来认识 Python 平台、理解 Python 语言的三种基本结构、turtle 库的使用以及递归思想，学会使用 Python 与 EV3 机器人融合创作作品；在"人工智能"部分，以"智能垃圾分类装置"为项目范例，通过自主、探究、合作学习，了解机器感知、机器学习等人工智能的基本知识，并通过简单编程活动，体验简单的人工智能应用。

本书适合初中一年级学生阅读使用。

图书在版编目(CIP)数据

电脑创作 / 胡永跃主编. —北京：清华大学出版社，2020.7
(创客教育系列丛书)

ISBN 978-7-302-55992-4

Ⅰ. ①电… Ⅱ. ①胡… Ⅲ. ①计算机课—初中—教学参考资料 Ⅳ. ①G634.673

中国版本图书馆CIP数据核字(2020)第121786号

责任编辑：张　瑜
装帧设计：杨玉兰
责任校对：周剑云
责任印制：刘海龙

出版发行：清华大学出版社
网　　址：http://www.tup.com.cn, http://www.wqbook.com
地　　址：北京清华大学学研大厦A座　　　　邮　编：100084
社 总 机：010-62770175　　　　邮　购：010-62786544
投稿与读者服务：010-62776969, c-service@tup.tsinghua.edu.cn
质量反馈：010-62772015, zhiliang@tup.tsinghua.edu.cn

印 装 者：三河市铭诚印务有限公司
经　销：全国新华书店
开　本：210mm×285mm　　　印　张：7.75　　　字　数：183千字
版　次：2020年8月第1版　　　印　次：2020年8月第1次印刷
定　价：49.80元

产品编号：088178-01

全球化和人工智能、大数据、区块链等技术的飞速发展，正在深刻改变着人才需求和教育形态，促使学生掌握在 21 世纪生存和成功所需的知识与技能，它们被称为 21 世纪的高阶思维技能、更深层次的学习能力以及复杂的思维和沟通技能。创客教育与 STEM 教育作为跨学科综合教育的有效形态，在全球范围内，特别是在美国、英国、德国、以色列、芬兰、日本等发达国家，已被提升到国家发展及人才战略的高度。近年来，STEM 教育理念在我国也越来越受到广泛重视并达成共识，其优越性体现在以下方面。

一是用知识解决问题。学生需要应用知识和技能，并且必须能够将知识和技能、学习和能力、惰性学习和主动学习、创造性和适应性的学习转化为有价值的高阶思维的分析、评价与创造。

二是批判性思维。批判性思维被认为是 21 世纪学习的基础，包括对信息的获取、分析和综合，并可以被教授、练习和掌握。批判性思维还利用了其他技能，如交流、信息素养能力，以及检验、分析、解释和评估证据的能力。

三是问题解决能力。21 世纪学生的另一个基本能力是解决问题，研究和解决问题的技能包括识别和搜索、选择、评估、组织和权衡备选方案和解释信息的能力。

四是沟通与协作。良好的沟通能力，包括口头和书面表达令人信服的想法的能力，能提出明确的意见，能接受连贯的指示，并通过言语激励他人，这些能力在工作场所和公共生活中都被高度重视。规范的合作学习需要改变课程、教学、评估实践、学习环境和教师的专业发展，21 世纪的合作将在学校内部、学校之间、学校内外的沟通之间发展。

五是创新与创造力。在全球化竞争和任务自动化的今天，创新能力和创新精神正在迅速成为职业和个人成功的必要条件，勇于"抓住"问题和实践探究"开拓新领域"的能力，激发新的思维方式，提出新的想法和解决方案，提出不熟悉的问题，并得出意想不到的答案，进一步激发创新和创造力。

六是基于项目和基于问题的探究式学习是 21 世纪教与学的核心，是实现 21 世纪教育目标的理想教学模式。学生们通过设计和构造现实生活中问题的实际解决方案来学习，在小组合作中，学生将开展跨学科知识融合与研究，对项目的不同部分负责，互相评价对方的工作并创造出专业的高质量产品，这将有助于培养学生在现实世界中解决问题的能力。

国内对 STEM 课程的研究还处于起步阶段，存在概念理解偏差、课程设置不完善以及师资力量不足等问题。一些技术驱动的创客内容，脱离了教育本质，未能以核心素养为本推动学生内在发展。虽然国内也出现了许多课程，如机器人、3D 打印、编程等，但大多呈现出碎片化的状态，没有形成一套完整的课程可供大家参考和借鉴。针对这种情况，"创客教育系列丛书"力求以系统化、可持续、可评价的方式开展 STEM 教育和创客教育的理论研究与实践探索，研发了一套 STEM 教育和创客教育的系统化课程，完成了从小学、初中到高中的有效衔接，以落实基于 21 世纪核心素养人才的培养方案。本丛书编写的指导思想，结合了我国国情，从"立德树人、服务选才、引导教学"角度出发，融项目式学习（PBL）、STEM 理念于一体，基于通识教育，以项目式学习推进 STEM 教育。该丛书包括小学三册、初中三册、高中三册，立足于大众创客教育，围绕数字创作、人工智能、创意制作、畅想创作四类课程有效进阶，结合网络学习平台，软硬结合，虚实融合，线上线下整合，培养学生21 世纪核心技能。因此，该丛书的内容设计在选取上注重输入与输出的有效对接，每种课程都有合适的出口，最终都呈现出学生作品，与培育精英人才结合，与市、省及国家级的竞赛活动衔接。本丛书解决了跨学科融合与考试升学之间的矛盾；解决了不同地区经费需求不同的问题；解决了创客教育与 STEM 教育可持续性问题；解决了创客教育师资不足的问题。丛书出版以符合教育部公示并通过审核的面向中小学生的全国性竞赛活动为准，作品无论是虚拟创作还是实体制作，都是一个项目、一种工程。该丛书用项目式学习为师生提供明确的教学指引和学习支架，小学、初中、高中各阶段教材均以知识技能为主线，以项目教学或项目式学习为辅线，通过项目范例、项目选题、项目规划、探究活动、项目实施、成果展示、活动评价等环节引领教与学的活动。丛书中项目教学的思路主要通过项目式学习实施路径和项目活动评价表予以落实。

该丛书立足创客教育与 STEM 教育战略高度的顶层设计，聚焦教育创新战略，设计教育改革发展蓝图，积极探索新模式，借鉴国际教育发展前沿趋势和国内创新实践，聚焦提升人才培养质量，以为国家建设培养创新人才为核心，整合全社会资源，项目引路，构建由中小学校校内之间、不同学校之间以及校外与科研机构、高新企业、社区和高等学校组成的项目式学习发展共同体，以实施系统完整的创客课程与 STEM 课程为主线，打造覆盖区域的课程实施基地，面向全体，让每一个学生接受创客教育与 STEM 教育，通过课程的常态化和人才选拔，培养国家发展急需的创新型人才和高技能人才，为国际教育发展和科技创新型人才培养提供中国智慧和中国方案。

该丛书难免存在缺点和不足，殷切希望广大读者批评指正！

中国教育信息化创客教育研究中心

丛书主编　孙晓奎

2020 年 7 月

给同学们的话

创客，即创意实现者，泛指科学、技术、文学、艺术等领域的创新人才，既包括想象创作（表达、表现）者，也包括实体创作者（匠人、工程师、发明家）。

通过项目学习为主的学习方式，培养能够创造性地利用知识、工具，发现和解决生活中的问题，展示自己的思考与创新的创客，是创客课程学习的目标。

本书为创客教育系列丛书的初中第一册，内容包括数字创作、创意编程和人工智能三部分。围绕创新思维的培养目标，设计了"制作班徽""美丽的分形树""智能垃圾分类装置"项目范例，通过"情境→主题→规划→探究→实施→成果→评价"的项目学习方式展开活动，帮助同学们掌握本书的基础知识、方法与技能，增强创新意识，发展创新思维，提高创新能力，树立正确的社会价值观和责任感。

本书各章首页的导言，叙述了本章的学习目的与方式、学习目标与内容，让同学们对该章有个总体认识。每章末设置了"本章摘要回顾"，通过知识结构图把每章的主要内容及它们之间的关系描述出来，这有助于同学们建立自己的知识结构体系；通过附录中的项目活动评价表，让同学们综合评价自己在运用所学知识与技能、解决实际问题的过程与方法以及相关情感态度与价值观的形成等方面是否达到了本章的学习目标。此外，还为同学们提供了配套学习资源包，里面含有拓展阅读资料、编程软件，以及所有案例的源代码等，为同学们开展项目学习提供帮助。当然，同学们还可以自己搜集素材，让自己的项目学习作品更有特色。

同学们，大家都是新时代的天之骄子，让我们一起迈进新技术的殿堂，在学中做，在做中创，在创中乐，共享创作，分享创作，努力成长为新时代的创客。

目 录
CONTENTS

第一章
数字创作

　　人们常常通过眼睛和耳朵去感受大千世界的丰富多彩，但我们所看到的、听到的，不总是让我们感到愉悦或者深受启发。艺术家们通过一双双慧眼，去寻觅这个世界的美好，再把这份美好通过文学作品、美术作品、音乐作品、电影电视作品等形式呈现给我们。

　　每个人都有一双能够发现美的眼睛，在计算机这个信息世界的数字工具的配合下，我们也能够通过各种形式来体现这些美，展示我们的创意。

　　数字创作是利用绘画、网页、动画、小视频等方式，来呈现创意。通过独特的内容、合理的内容组织、美观有艺术性的表现方式来表现创造性。

　　在本章的学习中，同学们将通过项目学习的方式，完成一个数字作品的创作，并因此了解数字作品在生活中的应用，以及如何根据一个主题选择适当的作品类型创作一个数字作品，使创意的呈现和表达更加合理和优美。

项目范例：制作班徽

● 情境

小明是初一4班的新生。在新的环境中，严格的老师，陌生的同学，做不完的作业……小明感觉有一些迷茫，有点想逃离这个环境。小明的班主任高老师利用校运会，让同学们制作一些主题为"我们的4班"的宣传班集体生活的数字作品，展示一个团结进取、乐观向上的班集体的形象，使大家快速地融入班集体和初中生活。

● 主题

制作班徽

● 规划

4班是一个以"成者必有志，知者必真行"为口号，团结进取、乐观向上的班集体，请制作宣传"我们的4班"的数字化作品，用符号标志、小视频、动画、绘画等形式呈现。

根据所选主题，通过小组讨论等形式，制订项目学习的规划。例如：

（1）制订项目作品规划。

（2）根据作品的规划，搜集素材，进行制作前的准备，学习相关软件的使用，分工协作，规划项目进度。

● 探究

根据项目学习规划的安排，通过调查和案例分析、文献阅读或网上搜索资料，开展项目学习探究活动。

● 实施

（1）小组讨论作品的规划设计，选择一种数字化工具制作作品。

（2）讨论作品的整体设计，包含班徽的形状，其中包含文字和其他图形元素。

（3）搜集整理素材，对素材进行加工处理。

（4）制作实现，以及修改完善。

（5）作品展示和交流。

● 成果

根据主题和小组讨论，选择了制作班徽，通过规划设计、制作、修改，最后完成了一个作品：4班的班徽，如图1-1所示。

图 1-1　项目成果示例

● **评价**

　　根据本书附录中的项目活动评价表，对项目学习的过程和成果进行评价。在小组和全班中或者通过网络展示和交流，进行自评和互评。

● **项目选题**

　　从下列选题中选择一个，作为本单元学习的主题。本单元的学习，围绕这个主题，完成探究、制作作品、展示作品。

- 绘制一个绘画作品，表现反映新中国成立 70 周年成就的一个场景。
- 绘制一个小动画，表现最近十年生活中某方面的变化。
- 为了形成班级的凝聚力，根据自己班级的特色，为自己所在的班级设计一个班徽。

● **项目规划**

　　请根据你的主题选择，和小组同学进行讨论，完成下面的规划。

规划进程	内　容	分　工
确定主题，制订规划		
素材收集，整理加工		
选择工具，制作作品		
展示交流，评价修改		

● 方案交流

请根据选择的主题，以及提供的规划方式，讨论本组的活动方案是否合理，并对方案进行修改完善。

第一节　确定主题，制订规划

数字创作的作品，是用数字方式呈现自己对某个现象的观察和思考，并把观察和思考的结果，创新地表达出来。在对生活细致观察和思考的基础上，找到有价值的内容，并通过适当的数字作品表现出来。

一、主题的选择

作品的主题可以选择自己感兴趣并且有深入观察和思考的内容，自己已经搜集了相关的材料，或者知道如何去获得相关的资料。

感兴趣是创作的很好的动机，对于感兴趣的事情自己才会花足够的时间去了解、研究、探索、思考，才有机会在此基础上创造出属于自己的独特的内容。

所以如果老师提供的主题你没有足够的兴趣，你可以从自己的实际出发，根据本单元的目标制作数字创作作品，选择感兴趣的主题。

二、规划和创作

在作品的制作开始之前，进行合理的结构规划，可以提高制作效率，减少作品修改的工作量。因为规划通常都是采用文字、草图、思维导图等容易修改的形式。

当然作品的规划由于是文字草图等形式，和最后的作品有比较大的差距，比较抽象，对于初学者来说可能难以入手。但养成规划的习惯，不管是制作作品，还是做其他事，都能大大提高效率，减少重做的概率。

作品的规划和创作主要从以下方面来呈现。

1. 作品的内容和创作

数字创作的作品，表达的内容是最重要的部分。通过作品要传达的信息，在制作作品前，作者要有清晰的认知。

如想要展示自己对未来的构想，构想的具体内容是在制作前已经确定的内容，如有要展示的形象或场景、发展变化的过程等。一段有趣的经历、一个有价值的故事、一个变化的过程等都可以用数字作品来呈现，也可以通过文字、思维导图等形式把这些内容记录下来。

2. 作品类型的选择

数字创作，可以通过电脑绘画、小视频、动画、符号设计来展示自己的内容。

根据表1-1来确定自己作品的类型。

表1-1　作品类型对比

作品类型	适合的内容	素材量	制作时间
电脑绘画	展示平面形象	极少	短
动画	需要一个动态过程的内容	少	长
小视频	需要一个动态过程，并且可以拍摄到画面的内容	多	中
标志符号设计	用抽象简化的符号来展示内容	极少	短
3D 模型设计	用立体形象展示内容	极少	中

3. 作品的整体规划

对作品的整体规划，绘画和符号设计、3D 模型可以用草图来规划。因为通过一幅草图，几乎可以反映这几类作品的全貌，而且修改也比较容易。对于草图不能反映的细节，可以加旁注来说明。图 1-2 是一个班徽设计的草图。

图1-2　作品草图

对于动画和小视频，可以通过剧本和分镜头稿本来规划。因为动画和视频都是与时间有关的内容。随着时间的推进，画面内容不断变化，从而呈现一个动态的过程。剧本和分镜头稿本是用文字的形式来描述这个过程。剧本是作品内容的抽象描述，而分镜头稿本是用画面语言来描述作品的内容。简单来说，分镜头稿本就是用文字描述每一个时间段，屏幕中呈现的内容以及它的变化方式。

一个显示学校活动的视频或者动画的分镜头稿本如表 1-2 所示。

表 1-2　小视频（动画）的分镜头稿本

镜头号	景 别	技 巧	画 面	对白解说
1	全景	固定镜头	几个人在教室里面进行最后一门课的期末考试	
2	近景	移动镜头	一个一个地交了卷走出教室	

4. 创意呈现

作品创意的呈现，即利用哪些元素来展示作品的创新部分。其创作规划如表 1-3 所示。

表 1-3　"班徽"创作的规划表

作品背景	为了创建有活力和凝聚力的班集体，班主任为班级设计了一系列文化符号，包括班训"成者必有志，知者必真行"，口号"志远行近"等。利用绘画/动画/视频/符号设计，创设班集体的良好学习氛围
作品主题	4 班班徽设计
作品类型	符号标志
内 容	设计一个包含标志 4 班和班训的徽标。要求美观简约，特色明显
整体规划	整体圆形，外面一圈环形放置文字：上方为班训，下方为口号。 中间把文字"Class4"设计成独特的形状，以及帆船、海鸥、波浪等内容抽象和简化，共同组成一个代表 4 班扬帆起航的图案
创意呈现	通过中间图案的设计和组合，达到美观简洁，又能突出 4 班的特征和立志前行的特点。 由于 4 字有点像船的帆，可以把 4 设计成船帆
成 果	班徽

● 探究活动

● 实践

通过搜索引擎，在网上查找"全国中小学电脑制作活动"的作品展示，了解电脑制作活动的作品类型、优秀作品的示例。分析各类作品的基本特点，如内容特点、结构特点、创意。

● 讨论

确定你在本单元制作的作品的主题是不是同你生活相关的感兴趣的内容。你是否对其有一定的了解，或者能够通过一段合理的时间进行探究，或者通过最近的一些探究活动能获得较多的材料。

确定你的作品内容，是否适合选择的类型。如果不适合，可以修改成其他类型。

● 项目实施

参照表1-4，制作和完善作品的规划。

表1-4　作品规划表

作品背景	
作品主题	
作品类型	
内　容	
整体规划	
创意呈现	
成　果	

第二节　素材搜集，加工处理

素材是制作作品时需要的文字、图片、视频等原始材料，也是作品内容的主要部分，素材的质量、数量，有可能影响作品制作的效率和效果。

对于绘画、符号设计和 3D 模型设计这类作品，虽然没有素材也可以完成作品的全部制作过程，但是在设计的过程中，适当的素材如范例、同类的成品、内容接近的素材，可以方便设计，减少设计的难度，提高设计的准确性。

一、搜集素材

不同类型的作品对于素材的需求是不同的，表 1-5 是对常见的几种作品类型素材进行分析。

表 1-5　作品类型素材分析

作品类型	需要的素材	素材类型	常见的来源
绘画	作品中一些场景和形象的参考图片	图片； 字体文件	网上下载； 拍摄
动画	作品中一些场景和形象的参考图片； 复杂的肢体动作的视频； 配音和音效	图片； 视频； 音频	网上下载； 拍摄和录制
小视频	图片、视频片段； 配音和音效	图片； 视频； 音频	拍摄和录制
符号标志设计	参考图片； 字体	图片； 字体文件	拍摄； 网上下载
3D 模型设计	实物图片	图片	拍摄； 网上下载

动画制作也可以拍摄一些动作的素材，比如某个人物或者动物在运动过程中的形态变化，平时没有注意观察的话，可以拍摄视频来做参考。

常用的素材获取方式具体如下。

1. 网上下载

如果你的作品中的素材，网上的资料适合，可以直接到网上下载。如果网上的资料没有可以直接利用的，也可以考虑下载接近的素材，通过简单的修改转换得到。比如做动画需要矢量图，但网上只有内容合适的位图，可以通过位图转换为矢量图得到。

2. 拍摄和录制

图片和小视频素材都可以通过相应的设备拍摄得到。手机是容易获得并且使用方便的拍摄工具，也可以用于录制音频。拍摄视频素材分实景拍摄和绿幕拍摄。实景拍摄适合场景容易找到或者布置的作品；绿幕拍摄适合场景不容易找到或者布置的作品，后期通过其他途径获得背景，合成到拍摄的素材中。

3. 绘制（动画的场景、角色等）

自行绘制的图形，容易让作品展示独特的风格，增加作品的原创性，在时间、条件允许的情况下，鼓励自行绘制。但自行绘制可能会增加作品的制作时间，因此建议重要的展示作品的特色内容自行绘制，不重要的装饰内容去下载。

4. 输入（文字）

原创的文字，输入是必不可少的步骤。利用语音输入工具（如手机上的讯飞语音输入法），可以提高输入的效率。

在项目范例（班徽的设计）中，可搜集若干帆船的图片（包括帆船照片和帆船的矢量图）、标志的效果图片及适合的字体文件用于创作。

● 探究活动

● 阅读

位图与矢量图

文件内容的组织形式有位图和矢量图两种，色彩丰富、内容精细的图像如照片等适合用位图呈现，形状规则、色彩简单的内容如卡通形象、符号标志的图像，适合用矢量图来保存。矢量图，通过点线面的描述来保存图形，因此使用它可以非常容易地通过修改点的位置、线的粗细、弯曲程度和面的填充色等，来修改一个图形的效果。

例如，把图1-3所示的图片分别做成位图和矢量图，放大后的效果会完全不同，如图1-4所示。

图1-3　放大位置（红框）的内容

图1-4 放大后的位图（左）和矢量图（右）

矢量图不但有平滑的轮廓，放大以后不失真，而且在修改矢量图的时候，可以直接通过移动节点的位置、改变线条的弯曲度、改变填充的颜色等方式来进行调整，对形状规整平滑的内容，修改的效率比较高，如图1-5所示。

图1-5 通过调整节点位置修改矢量图

二、加工处理素材

1. 文本素材的修改

文本素材可以在 Word、WPS 等文字工具中输入、编辑，充分发挥文字编辑工具的强大功能。

2. 图片的修改

图片素材可以通过各种图像处理工具进行加工处理。如利用 Photoshop 对图片进行调整像素大小、内容裁剪、色彩调整，或者通过抠图技术提取图像中的某些形状不规则的部分。

下面是部分图片加工的方法。

（1）调整图片的像素大小。像素高的图片拥有较多的细节，但也会造成文件占用空间较大。根据你的需要，减少素材的像素大小，可以减少文件的占用空间。不建议把像素较小的图片像素调大，因为它不会增加更多的细节。

如图 1-6 所示，这是一幅像素大小为 1000×667 的位图图片。

图 1-6　像素大的图片

现将它的像素调整为 200×133，调整方法如图 1-7 所示。

图 1-7　在 Photoshop 中查看和修改图像的像素大小

（2）裁剪图片。如果素材图片中有不需要的内容，而需要的内容，刚好是在一个矩形范围内，可以通过裁剪，保留这个矩形范围内的图片，如图 1-8 所示。

图 1-8　裁剪图片

创客教育系列丛书

初中第一册

（3）调整色彩。如图 1-9 所示，这是把图片色彩去掉后的效果。

图 1-9　转换为黑白的素材图片

（4）抠图。抠图是指把图片中具有不规则形状的内容取出来，以便和其他内容合成新的内容，如图 1-10 所示。

图 1-10　抠图

（5）转换为矢量图。在符号设计、动画制作过程中，如果图形的形状是较少的曲线，而且曲线是以平滑的线条为主，采用矢量图更适合制作和修改，可以通过软件，把位图转换为矢量图。在动画中，由于角色是动态的，需要多幅内容有差别的图像来展示动态过程，绘画工作量大，因此建议尽量设计曲线较少、曲线平滑的形象，可以降低绘制和修改的工作量，如图 1-11 所示。

图 1-11　简洁的卡通形象

如果素材图片是色彩比较复杂的内容，要转换成矢量图的话可以通过钢笔工具等曲线工具重新描摹。

如果素材图片本身是色彩简单的图形，可以直接使用位图转换矢量图的功能。如图 1-12 所示，这是在 Inkscape 中，通过"临摹位图轮廓"功能，把一个帆船的位图形状转化为矢量图形状。

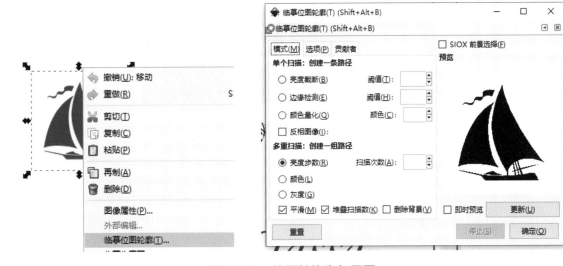

图 1-12　位图转换为矢量图

3. 视频的剪辑

视频的剪辑方式具体有以下几种。

（1）裁剪。视频的裁剪是截取视频的片段。视频的裁剪可以在编辑视频过程中一边裁剪，一边编辑，但是事先把素材进行适当的裁剪，可以减少素材的数据量。

手机是一个方便的视频素材拍摄工具。部分手机在拍摄好视频以后，可以在手机上对视频进行简单的编辑，包括裁剪，如图 1-13 所示。

图 1-13　通过手机裁剪视频片段

　　（2）调整视频的分辨率。较大的分辨率可以提供更清晰的视频，但会导致文件体积更大。所以在编辑视频前，可以根据视频编辑目标的需要调整视频素材的分辨率，从而减少视频素材的数据量。

　　（3）转换格式。部分视频编辑软件支持的视频格式有限，对于不支持的视频可以通过格式转换变成可以支持的。

　　利用格式工厂等工具可以完成很多格式的视频之间的转换。

4. 音频素材的加工处理

　　在动画和小视频中，有时需要声音文件进行配音。根据画面长度和内容，配置适当的音频文件。可以在准备素材时把音频文件加工成需要的样子。比如对音频进行剪裁、调整音量等操作，如图 1-14 所示。

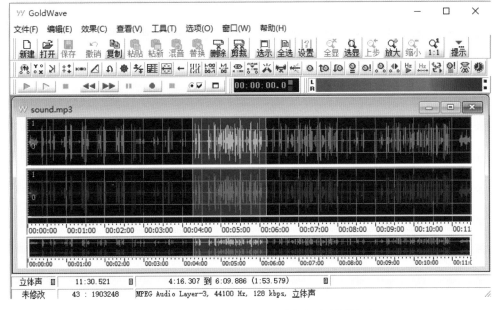

图 1-14 利用 GoldWave 对音频文件进行加工

● 查阅

通过网络搜索引擎，搜索和浏览常见的素材的加工方式。

● 项目实施

分析你的作品中需要的素材，填入表 1-6。

（1）通过各种方式获取素材，按作品的要求对作品进行加工。

（2）根据作品的需要，把加工后的素材归类存放到不同的文件夹中。

表 1-6　作品素材分析

素　材	获取方式	需要进行的处理	需要的处理软件和操作

第三节　选择工具，制作作品

作品制作的过程就是利用准备好的素材，选择适当的工具，实现创意的过程。很多时候，它是一个创作过程中最耗时和最复杂的部分。具体的耗时程度和复杂程度，取决于作品的类型以及选择的工具。

在这个环节中，需要根据你的作品类型和你的习惯，选择适当的制作工具，熟悉并学习软件的使用，再利用工具实现自己的创意。

一、作品制作工具的选择

每一类作品都有非常多的制作工具可以实现，这些工具功能从简单到复杂，学习的难度也是有简单有复杂。选择自己比较熟悉的工具，或者是难度较低的工具，可以减少制作过程的时间，提高制作的效率。当然过于简单的软件可能难以实现你想要的效果。

表 1-7 对比了几种常见的作品制作工具，可以根据自己的熟悉程度等选择适当的工具来制作作品。

表 1-7　作品制作工具对比

用　途	软　件	特　点	学习难度	功　能
电脑绘画	SAI	上手容易	中	中
	Photoshop	功能强大，专业的图像处理软件	高	强
	Inkscape	绘制矢量图形，免费	中	强
	Flash	绘制矢量图	中	中
二维动画制作	Flash	适合快速制作中长动画	中	强
	Gif	适合制作短动画，如动态表情等	低	低
	Scratch	适合制作简单动画	低	中
视频编辑	Premiere	强大的视频编辑软件	高	强
	会声会影	简单易用	中	中
	Camtasia Studio	简单易用	中	中
符号标志设计	Flash	动画制作软件，能进行矢量绘图	中	中
	AI	功能强大	高	强
	WPS	办公软件，有简单的绘图功能	低	弱
	Inkscape	绘制矢量图形，免费	中	强
	CorelDRaw	功能强大的矢量图绘制软件	中	中

续表

用　途	软　件	特　点	学习难度	功　能
3D 模型设计	3D Builder	Windows 10 中自带的软件	低	低
	3D One	国产 3D 模型制作软件	中	中
	草图大师	简单易用的 3D 建模软件	低	中

二、作品制作的参考流程

每一类作品、每一个软件都有它合适的制作流程，但每一个作品的流程并不一致，经常需要根据你的需求选择更好的制作流程。一个适当的参考流程可以减少不必要的耗时。

1.电脑绘画的基本流程

电脑绘画的基本流程参见图 1-15。

图 1-15　电脑绘画的基本流程

2.动画的基本制作流程

二维动画制作的软件主要有 Flash、Scratch 等，使用每个软件制作动画时，都是要把动态过程的每一幅画面给绘制出来。但呈现的流程是有差别的。Flash 是基于时间轴的动画制作软件，通过时间轴来切换每一帧画面。而 Scratch 是通过编程来实现画面变换的软件，通过程序命令来实现场景和角色的变换。图 1-16 所示为利用 Flash 制作二维动画的基本流程。

图 1-16　利用 Flash 制作二维动画的基本流程

三维动画的制作和二维动画制作流程有较大的差别。二维动画中对象的每一个不同的角度的画面都需要绘制出来，而三维动画通常是把画面中的所有的形象通过建立 3D 模型，给 3D 模型添加材质、光照等参数，再根据画面的需要调整适当的观看角度，计算机通过渲染自动生成画面。

3.小视频的基本制作流程

小视频的基本制作流程参见图 1-17。

| 导入素材 | 选择素材中需要的片段，放到时间线上 | 根据需要对视频片段的参数进行调整 | 添加过渡、片头、片尾等 | 生成视频 |

图 1-17　小视频的基本制作流程

4.符号标志制作的基本流程

符号标志制作的基本流程参见图 1-18。

| 添加基本元素 | 线条和填充的色彩 | 修改形状和位置 | 讨论修改 |

图 1-18　符号标志制作的基本流程

● 探究活动

● 实践

下面介绍 4 班的班徽制作的基本过程。

（1）根据作品的类型要求，选择了 Inkscape 这个难度适中的免费矢量图制作软件来制作。

（2）在作品中，用形状工具绘制基本的轮廓，用文本工具添加文字，添加已经有的帆船矢量素材，如图 1-19 所示。

Class4

图 1-19　添加基本元素

创客教育系列丛书

初中第一册

（3）调整内容的位置，修改线条和区域的色彩，如图 1-20 所示。

图 1-20　调整内容的位置

文字沿弯曲的线条排列，可以在适当位置绘制曲线，使用"在路径上放置"功能，如图 1-21 所示。

图 1-21　调整文字的排列

（4）利用节点工具等，调整形状的曲线和位置，使各个元素的形状更美观，如图 1-22 所示。

图 1-22　进一步修改

设计的平面校徽，还可以保存为 DXF 等格式的矢量图形，导入草图大师，通过推拉等操作，变成 3D 模型，如图 1-23 所示。

图 1-23　生成 3D 模型

● 项目实施

（1）根据本小组项目的作品类型，选择适当的制作工具，通过阅读资料和自主探究，学习作品制作的方法。

（2）对已经处理好的素材，以小组为单位进行归类、整合。

第四节　作品呈现，分享交流

作品的展示、交流，是项目学习中一个重要环节，是对学习活动的检验、总结，也能促进对活动的参与。把作品在同学之间或者更大的场合展示出来，通过大家的赞赏或者善意的批评，获得成就感，体验学习的乐趣，从而促进学习。

一、作品的呈现

电脑设计的作品，最后的呈现都是一份电子文档，有的是一个文件，有的是多个文件，每一种类型都有不同的要求。

电脑绘画：.jpg 格式的图片文件。

电脑动画：.swf 格式的 Flash 影片，或者 .mp4 等格式的视频文件。

微视频：.mp4 格式等的视频文件。

符号标志：.ai、.svg 等格式的矢量文件。

在制作过程中，有特殊的格式文件用于保存作品中的更多可以利用和修改的信息。如电脑绘画，如果需要保存绘画作品中的图层信息等，一般都保存为 .psd 格式。

● 探究活动

● 实践

（1）把 .psd 格式的图片输出为 .jpg 格式的图片。

（2）把 .fla 格式的 Flash 文档，输出为 .swf 格式的影片。

二、说明文档

通过一个表格（见表 1-8），展示作品的创作背景、创作过程、制作技术等。

表 1-8　作品创作说明

创作思想（创作背景、目的和意义）
创作过程（运用了哪些技术或技巧完成主题创作，哪些是得意之处）
原创部分
参考资源（参考或引用他人资源及出处）
制作所用软件及运行环境
其他说明（需要特别说明的问题）

创客教育系列丛书　初中第一册

三、交流方式

数字创作的作品，主要是通过电脑屏幕或网络平台进行交流或展示。

1. 屏幕展示

在项目学习活动中，可以小组为单位组成展示或表演团队，通过大屏幕（或者电子教室的屏幕广播方式），配合演播者对作品的解说或表演来进行。

2. 网上交流

各小组可将所创作的作品和说明文档发送到指定的公共网络平台或网络社区，以便大家可以自由浏览和点评；作者也可从平台的点评中获得有用的建议和启发，从而实现对作品的修改和完善。

● 项目实施

（1）根据自选项目主题完成作品创作，导出为对应的展示格式。

（2）制作作品说明文档及多媒体演示文稿。

● 成果交流

（1）各小组运用数字可视化工具，将所完成的项目成果，在小组和全班中或在网络上进行展示与交流。

（2）根据别人的意见和建议，进一步优化方案，迭代改进，完善作品。

● 活动评价

各小组根据项目选题、拟定的项目方案、实施情况以及所形成的项目成果，根据本书附录的"项目活动评价表"，开展项目学习活动评价。

本章扼要回顾

同学们，请通过本章的学习，根据"数字创作"的知识结构图（见图1-24），扼要回顾，总结、归纳所学过的内容，建立自己的知识结构体系。

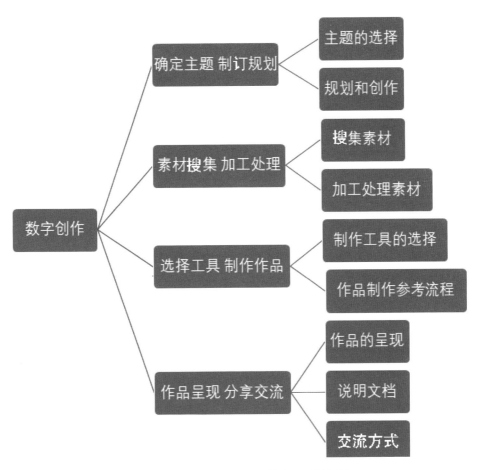

图 1-24 "数字创作"知识结构图

回顾与总结

第二章

创意编程

编程语言如 Java、C、Python 等有 600 多种，各种语言都有自己的特点，在各自领域有着广泛的应用。在创意领域，时下最流行的语言就是 Python。Python 语言简单、优雅、可读性强，它是集解释性、交互性、跨平台等特征的面向对象脚本语言。Python 易学易用，积累了大量的工具库，架构简单，开发效率很高。Python 在人工智能、大数据、云计算、Web 开发、网页爬虫、Linux 运维等领域有着广泛应用。Python 是继 Java、C 后成为程序设计者的首选语言，在官方和民间都掀起了一浪接一浪的学习热潮，更成为江浙一带信息技术高考科目唯一指定考试语言。利用 Python 是能实现很多创意的。到 NBA 网站下载历史数据，通过数据建模和数据可视化，可以预测球队在接下来比赛中的得分情况。利用各种嵌入库可以实现语音播报、人脸识别、语音识别、智慧交通、定制个性化广告等。还可以结合开源硬件如 Arduino 等实现软硬件深度融合，进行创意设计。

本章以"海龟历险记"为情景导入，通过完成画"半圆桥"、画"方块田"、找最佳路径、绘制二维码等任务来学习"美丽的分形树"项目。学习过程中，同学们将会认识 Python 平台、理解 Python 语言的三种基本结构、学会 turtle 库的使用以及递归思想，学会使用 Python 与 EV3 机器人融合创作作品，促进计算思维的发展，完成项目学习目标。本章最后以语音播报为例，简述程序作品的创作过程，使同学们真正体验 Python 强大的人工智能处理能力。

项目范例：美丽的分形树

● 情境

在一个名叫 Python 的星球里，导师按下了 import turtle 指令，一只海龟诞生了。导师告诉它，拿着地图，跋山涉水，勇往直前，将地图中标记的分形树找到，用画笔把分形树绘制出来，即可完成任务。

海龟拜别了导师，背上行装出发了。依照地图给出的路线，它在山坳里路过了一座半圆桥，穿过了限速的三岔路，见到了绿油油的方块田，请教 MyQR 绘制了二维码，最后找到美丽的分形树并用画笔绘制出来了。

同学们，你能通过本章的学习与海龟一起完成该项目吗？

● 主题

美丽的分形树

● 规划

根据项目范例的主题，在小组中组织讨论，利用思维导图工具，制订项目学习规划，如图 2-1 所示。

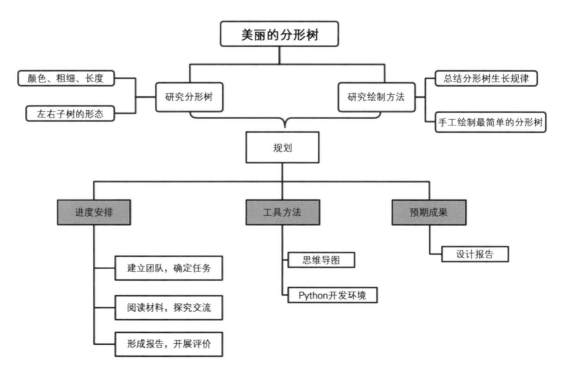

图 2-1 "美丽的分形树"项目学习规划

● **探究**

根据项目学习规划的安排，通过调查和案例分析、文献阅读或网上搜索资料，开展"美丽的分形树"项目学习探究活动，如表2-1所示。

表2-1 "美丽的分形树"项目学习探究活动

探究活动	学习内容	知识技能
Python 平台及其使用	Python 的特点	了解 Python 语言的产生及其基本特点；
	Python 平台的安装与使用	熟悉 Python 平台的下载、安装与使用
顺序结构	输入、赋值、输出语句	熟悉输入、赋值与输出语句的使用；
	顺序结构程序	了解并熟练使用顺序结构编程
选择结构	条件语句	了解 Python 条件语句及其嵌套；
	条件语句嵌套	熟练使用 Python 条件语句编程
循环结构	for 循环	了解 Python 循环语句的两种格式；
	while 循环	熟练使用 Python 循环语句编程
海龟模块的简单指令	画笔运动函数	了解常用的模块及其导入方法；
	画笔控制函数	熟练掌握海龟模块的简单指令；
	全局控制函数	会用简单指令绘制简单图形
简单的递归算法	递归与递归思想	初步掌握递归的概念和递归的思想；
	递归的求解过程	掌握简单的递归函数的定义和执行过程；
	递归的应用	能调用递归函数进行程序设计

● **实施**

通过本章的学习，结合递归思想，利用海龟模块和三种程序结构，实施本项目。注意调整参数，使自己的分形树最漂亮。

● **成果**

以小组为单位，展示各自的分形树，说说你的设计过程和设计感受，评比出最漂亮的分形树。

● **评价**

根据本书附录中的"项目活动评价表"对项目范例的学习过程和学习成果，在小组和全班中或在网络上开展交流，进行自评和互评。

创客教育系列丛书 初中第一册

● 项目选题

请同学们以 3~6 人组成一个小组，选择下面一个参考主题，或者自拟一个感兴趣的主题，开展一个项目学习。

（1）海龟要从一楼爬楼梯到二楼，有时一步上一级，有时一步上两级。如果楼梯有 N（N ≤ 5）级，海龟有多少种不同的上楼梯方法？你能用 Python 绘制出来吗？

（2）《红楼梦》是我国文化瑰宝，假设小说一句话里同时出现两个人物，则他们的关系密切度是 1；一段话里同时出现两个人物，则他们的关系密切度是 0.5。请摘录其中一节，算出"贾宝玉"和"林黛玉"的关系密切度。

（3）如图 2-2 所示，请利用递归思想绘制正方形窗花。

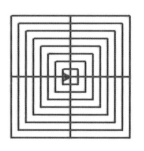

图 2-2　正方形窗花

● 项目规划

各小组根据本组的项目选题，参照项目范例的样式，利用思维导图工具，制定相应的项目方案。

● 方案交流

各小组将完成的方案在全班中进行展示交流，师生共同探讨、完善相应的项目方案。

第一节　Python 平台

Python 是由龟叔（吉多·范罗苏姆）于 1989 年创立的程序设计语言，1991 年发布了第一个公开发行版。最新数据显示，Python 荣获 TIOBE 编程指数 2018 年"年度编程语言"称号，成为当今大中小学校里师生最喜爱的计算机程序设计语言。

目前，全球各大科技公司如阿里、腾讯、Facebook、谷歌等都在使用 Python 语言，甚至 NASA（美国航空航天局）都大量使用 Python 语言开发各种项目。

Python 语言是非常 Pythonic（简练、明确、优雅）的，其具有如下特点。

（1）Python 简单易学，是一种代表简单主义思想的语言。阅读一个良好的 Python 程序，给人的感觉像是在读英语段落一样。

（2）Python 是开源的，是 FLOSS（自由 / 开源源码软件）之一。用户使用 Python 进行开发和发布自己编写的程序，不需要支付任何费用，也不用担心版权问题，即使作为商业用途，Python 也是免费的。

（3）Python 是高级语言，编写程序时无须考虑一些底层细节方面的问题，如内存管理、系统调度等。

（4）Python 是完全面向对象的语言，数字、字符串、函数、模块等都是对象，在 Python 中一切皆对象。

（5）Python 是解释性语言。Python 解释器把源代码转换成字节码的中间形式，然后再把它翻译成计算机使用的机器语言并运行。

（6）Python 具有可移植性。所有 Python 程序都无须修改就可以跨平台运行，包括 Linux、Windows、Free BSD、Solaris、Mac OS 等桌面系统，甚至还能在 Pocket PC、Symbian、Android 等移动端系统上运行。

（7）Python 具有可扩展性。Python 具有强大的标准库和第三方库，这些类库覆盖了人工智能、大数据、图形用户界面、网络编程、文本操作等绝大部分应用场景。

一、Python 的安装与使用

1. Python 3.7

Python 分为 Python 2 和 Python 3，它们之间互不兼容。由于 2020 年后官方不再维护 Python 2，我们建议使用 Python 3 作为学习工具。目前 Python 3 的最新版是 3.7，本章以 Python 3.7 为安装和使用的版本号。

2. Python 3.7 下载安装

搜索 Python，进入官网，找到最新版本下载，如 Python-3.7.4-amd64.exe，这是 64 位 Windows 操作系统的安装包。安装步骤如下。

（1）在合适位置建立安装文件夹，如 c:\Python3.7.4。

（2）如图 2-3 所示，双击安装包，运行安装文件，在弹出的安装界面选择 Customize Installation（定制安装），并注意选中 Add Python 3.7 to PATH 复选框。

图 2-3　Python 的安装界面选项

（3）如图 2-4 所示，注意选中 Precompile standard library 复选框，并通过 Browse（浏览）按钮选择已创建好的安装文件夹，如 c:\Python3.7.4，然后单击 Install 按钮，便可完成安装。

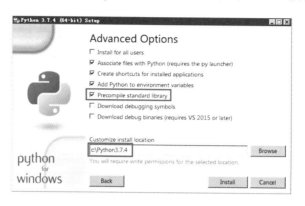

图 2-4　Python 的安装路径

（4）如图 2-5 所示，安装完成后，在"开始"菜单找到 Python 的入口，其中 IDLE 就是我们即将使用的代码编辑器。

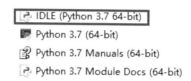

图 2-5　Python 在"开始"菜单中的选项

3. 第一个 Python 程序

安装好 Python 后，我们就可以开始写第一个 Python 程序了。写 Python 程序有两种方法：交互模式和文件模式。本章主要使用文件模式，用代码编辑器编写程序进行学习。

我们以输出"您好，创客！"为例创建第一个 Python 程序，体验 Python 程序的设计过程。选择 IDLE 选项进入 Python Shell，如图 2-6 所示，选择 New File 命令，打开代码编辑器后自动新建一个代码文件，然后输入"print(" 您好，创客！ ")"语句，保存文件为"hello.py"（Python 程序是以 .py 为扩展名的文件）。如图 2-7 所示，在 Run 菜单中选择 Run Module 命令（或直接按 F5 键），程序结果"您好，创客！"直接在 Python Shell 中显示。

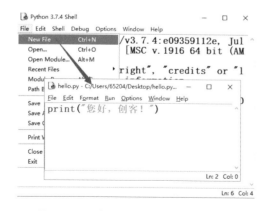

图 2-6　编写第一个 Python 程序

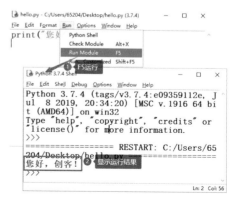

图 2-7　运行第一个 Python 程序

需要注意的是，必须是在英文输入法下输入小括号和双引号。Python 程序是区分大小写的，如果将 print 写成 Print，程序将会报错。报错如下：NameError: name 'Print' is not defined。

● 探究活动

● 实践

（1）尝试下载 Python 的最新版本，并进行安装、调试。

（2）尝试使用交互模式输出"你好，中国！"。

（3）利用 Python 代码编辑器计算 1+1 的值。

二、程序的顺序结构

1. 顺序结构的基本语句

先看一个例子。请将表 2-2 所示程序输入到代码编辑器，运行，体验运行过程和运行结果。

表 2-2　简单的输入输出程序

# 程序	结果
name=input(" 请输入你的姓名：") age=input(" 请输入你的年龄：") print(" 大家好，我叫 "+name+"，我今年 "+age+" 岁了。")	请输入你的姓名：Lily 请输入你的年龄：14 大家好，我叫 Lily，我今年 14 岁了。

程序运行后，先执行 input(" 请输入你的姓名：") 语句，在 Python Shell 里提示输入姓名，输入如 Lily 后再执行 input(" 请输入你的年龄：") 语句，再次在 Python Shell 里提示输入年龄，输入如 14 后程序立刻输出"大家好，我叫 Lily，我今年 14 岁了。"。

从例子中可以看出，程序是按照从上往下的顺序依次执行的，像这样的程序结构，就叫顺序结构。

如图 2-8 所示，语句 A 和语句 B 是依次执行的，只有在执行完语句 A 后，才能接着执行语句 B。

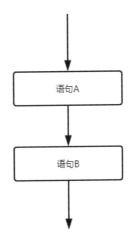

图 2-8　程序的顺序结构

例子中用到了变量 name、age，输入函数 input()，输出函数 print()，下面作简要说明。

变量是引用存储在内存中的值的名字，如程序中的 age，它的值可以是 14，也可以是其他值，随时根据需要改变。Python 中的变量在使用前无须声明，但需要赋值，赋值的同时就会创建变量。变量由标识符构成（标识符是由字母、数字、下画线组成，但不能是保留字，也不能以数字为首字符）。变量的赋值由 "=" 完成，其含义是将表达式右边的值赋给左边的变量。如 age=14，表示将整数 14 赋给变量 age。还可以连续赋值，如 a=b=c=1 等。

input()：计算机执行此指令时，将等待用户输入，其输入值可存入某一变量中。其中括号内的参数为字符串，若有多个字符串，则需要用 "+" 连接。

print()：将括号内的内容输出到屏幕，内容可以是字符串、数字、表达式等，如有多个可用逗号分隔。print 语句执行后，默认为输出后换行。

程序中还用到了几个特殊字符（=、()、""、+、#），这些字符在以后程序中会经常使用，其含义如表 2-3 所示。

表 2-3　特殊字符的解释

字　符	名　称	描　述
=	赋值号	将右边的值赋给左边的变量
()	小括号	和函数一起使用，或改变运算优先级
" "	双引号	表示引住的是字符串
+	加号	加法运算，或字符串连接
#	井号	单行注释的开始

【问题 1】请输入两个数，然后交换，最后输出交换后的结果。

解题思路：利用 input() 函数等待用户输入，将用户输入的数值保存到变量 a 和 b 中，将 a 和 b 两个变量值通过 c 变量作中介交换，最后输出 a 和 b 交换后的值。程序如表 2-4 所示。

表 2-4　交换两数程序

# 程序	结果
a=input(" 输入第 1 个数：") b=input(" 输入第 2 个数：") print(" 交换前的两个数：",a,b) c=a a=b b=c print(" 交换后的两个数：",a,b)	输入第 1 个数：1 输入第 2 个数：2 交换前的两个数： 1 2 交换后的两个数： 2 1

2. Python 的优雅表达

以上程序结构是大多数程序设计语言的结构，Python 之所以 Pythonic（简练、明确、优雅），是因为 Python 的写法更优雅，它能将三条赋值语句浓缩成一条，多个变量用逗号隔开，更具可读性。程序如表 2-5 所示。

表 2-5　交换两数程序的优雅表达

# 程序	结果

a,b=input(" 输入第 1 个数："),input(" 输入第 2 个数：")
print(" 交换前的两个数：",a,b)
a,b=b,a #Python 能将三条赋值语句浓缩成一条，更具可读性
print(" 交换后的两个数：",a,b)
	输入第 1 个数：1
	输入第 2 个数：2
	交换前的两个数：1 2
	交换后的两个数：2 1

注释在程序编写过程中非常有用，可以给阅读程序的人理解程序员当时编写程序时的想法。"#" 是 Python 的单行注释符，表示该行从 # 起后面的字符串都当作注释，解释器不会把注释当作代码执行，如 "#Python 能将三条赋值语句浓缩成一条，更具可读性"。如需多行注释，可用 """ 作为开头和结尾，中间部分视为注释。

● **交流**

（1）上网搜索关于 Pythonic 的含义，找出 print() 的详细用法，在小组内交流讨论。

（2）对比两个程序写法的异同，感受下 "人生苦短，我用 Python" 的意蕴。

三、海龟的简笔画

在"美丽的分形树"项目范例中，有这样的情景：海龟需要绘制半径为 100 的半圆，当作半圆桥。我们来与海龟一起创作这幅最简单的简笔画。

1. turtle 库与画图

Python 中提供了 turtle（海龟）库来支持绘制图形。编写海龟绘图程序时，必须先导入海龟模块 turtle，如：import turtle 等。

画图时，需要用到画布和画笔。画布是海龟用于绘图的区域，我们可以设置它的大小，如 screensize()。在画布上，默认有一个坐标，原点在画布中心，向右为 x 轴正方向，向上为 y 轴正方向。坐标原点上有一只面朝 x 轴正方向的海龟（黑色小箭头），这只海龟就是画笔。如果要海龟在画布中央输出"欢迎来到 Python 学习"字样，应该使用以下语句：turtle.write(" 欢迎来到 Python 学习 ")，程序如表 2-6 所示。

表 2-6　**turtle 库输出字符串程序**

# 程序	结果
import turtle turtle.write(" 欢迎来到 Python 学习 ")	▶欢迎来到Python学习

2. 海龟画半圆桥

我们通过导入 turtle 库，利用程序的顺序结构来构建"半圆桥"简笔画。步骤如下：

（1）使用 import turtle 将 Python 内置的海龟模块导入到程序；

（2）定义一个变量 radius 表示圆的半径，赋值为 -100，负号表示绘制的初始位置在圆心的左边，100 表示半径的大小；

（3）定义一个变量 h 表示海龟开始运动的方向，赋值为 90，即 y 轴正方向；

（4）定义一个变量 extent 表示海龟画圆的角度，赋值为 180，表示画半圆；

（5）调用海龟模块中的 seth(h) 函数，表示逆时针旋转 90°，调整海龟开始运动的方向为 y 轴正方向；

（6）调用 circle(radius,extent) 函数，表示向上绘制一个由左向右的半圆。

将以上步骤用 Python 语句翻译出来，就形成了海龟画半圆的简笔画，程序如表 2-7 所示。

表 2-7 绘制半圆桥程序

# 程序	结果

import turtle # 导入海龟模块库
radius=-100 # 定义 r 为圆的半径
h=90 # 定义 h 为海龟开始的运动方向
extent=180 # 定义 angle 为海龟画圆的角度
turtle.seth(h) # 设置海龟开始的运动方向
turtle.circle(radius,extent) # 海龟开始画圆弧
	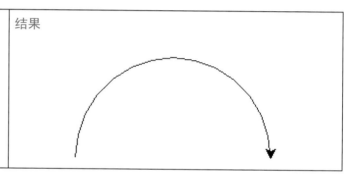

程序中，seth()、circle() 是 turtle 库里的函数，radius、h、extent 是变量，也是函数调用时的实际参数。

seth(h) 表示海龟逆时针旋转 h°。其中，seth 是函数名，h 是函数参数，设置海龟逆时针旋转的角度，如果 h 为负值则为顺时针旋转。

circle(radius,extent) 表示海龟画圆，radius 是圆的半径，extent 是圆弧的角度。图 2-9 所示为 circle() 函数的相对坐标系。circle() 函数以画笔当前方向（y'）为 y 轴方向，以经过画笔当前绝对坐标（x0,y0=0）、垂直于 y 轴的方向为 x 轴方向，则圆心（即原点）坐标为（x0-radius=0,0），由当前画笔位置（x0,y0）为弧线起始点，画出 extent 角度的圆弧。需要注意的是：radius 为正时，圆心在当前位置左侧，radius 为负时，圆心在当前位置右侧；extent 为正时，顺画笔当前方向绘制，extent 为负时，逆画笔当前方向绘制。

3. 函数、参数

函数是一次编写多次调用的、用来实现某个特定功能的代码段，目的是使程序结构清晰，单一功能模块化，提高代码的复用率。函数就像个黑匣子，以参数作为输入，以返回值作为输出，调用时不必关心黑匣子里面的实现过程。Python 提供了许多内置函数，比如 print() 等，也可以是通过 import 命令导入库函数，如 turtle.circle() 等，还可以自己创建函数，叫自定义函数。

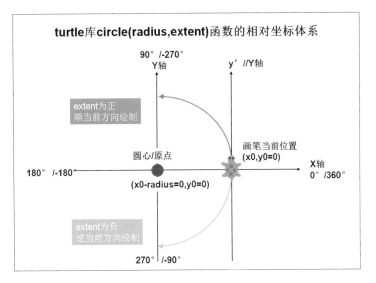

图 2-9　circle 函数的相对坐标系

自定义函数由关键字 def、函数名、函数体、形参列表构成。其一般形式为：

```
def 函数名（形参列表）:
    函数体
return［返回值］
```

（1）函数代码块以 def 关键字开头，后接函数标识符名称和圆括号 ()。

（2）任何传入参数和自变量必须放在圆括号内，多个参数可用逗号隔开。

（3）函数体以"："起始，并且遵循缩进原则（一般缩进 4 个字符）。

（4）函数以"return［返回值］"结束，可返回一个或多个值；若缺省，则返回 None。

如定义一个打招呼函数，函数名为 hello，形参为 myName，函数会在屏幕中输出一行问好的信息。程序如下：

```
def hello(myName):
    print(myName,"，您好！")
```

自定义函数后，就可以调用该函数。调用函数的过程就是执行函数的过程，实参列表的参数个数和参数类型须与形参列表一一对应。其一般形式如下：

```
函数名（实参列表）
```

如要在屏幕上输出"Tom，您好！"，可以用以下方法调用函数：hello("Tom")。

由上可知，函数的参数分为形参和实参，形参可以看作是一个占位符，当函数被调用的时候，实参就会替代形参，参与函数的实际运算。因此，实参的个数、数据类型、列表中的位置都必须与形参一一对应，否则程序报错。

● 实践

（1）请结合画半圆桥程序，使用 pencolor() 函数设置画笔颜色为红色，使用 pensize() 函数设置画笔粗细为 3，将图形重新绘制出来。

(2) 尝试自定义一个形参为半径大小的函数，功能是画 1/4 的圆，然后由用户输入半径后，调用该函数绘制 1/4 的圆。

● 阅读

阅读表 2-8 所示的程序，将程序绘制的图形自行用笔画出来，再运行程序作对比。

表 2-8　海龟绘制图形

```
import turtle
turtle.showturtle()
turtle.pensize(5) # 设置画笔
turtle.color("blue") # 蘸颜料
turtle.penup() # 提起画笔
turtle.goto(-110,0) # 移动至指定位置
turtle.pendown() # 落笔
turtle.circle(45) # 绘制蓝色圆环
turtle.color("black")
turtle.penup()
turtle.goto(0,0)
turtle.pendown()
turtle.circle(45)
turtle.color("red")
turtle.penup()
turtle.goto(110,0)
turtle.pendown()
turtle.circle(45)
turtle.color("yellow")
turtle.penup()
turtle.goto(-55,-45)
turtle.pendown()
turtle.circle(45)
turtle.color("green")
turtle.penup()
turtle.goto(55,-45)
turtle.pendown()
turtle.circle(45)
turtle.color("black")
turtle.penup()
turtle.goto(-110,-80)
turtle.pendown()
turtle.write(" 同一个世界，同一个梦想 ",font=(" 华文行楷 ", 15, "italic"))
```

● 项目实施

各小组根据项目选题及拟定的项目方案，参照上述分析，结合本节所学知识，进一步完善该项目方案中的各项学习活动。

第二节　Python 的选择结构

程序结构除了顺序结构，还有选择结构和循环结构，本节学习 Python 的选择结构。

一、if 语句

1. if 语句流程图

在解决问题过程中，经常会遇到一些需要依据判断来选择不同分支结构的问题，对这些问题的执行流程就必须根据判断条件是否成立而选择不同的流向。Python 的选择结构语句是通过条件表达式的执行结果（True 或 False）来决定执行分支的代码块。它的执行过程如图 2-10 所示。

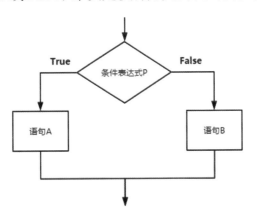

图 2-10　if 语句的流程图

这种先根据条件做出判断，再决定执行哪种操作的程序结构称为选择结构，也称分支结构。在 Python 中使用 if 语句来表示，它的一般形式如下：

```
if 判断条件 P：
    执行语句 A
else：
    执行语句 B
```

如果条件表达式 P 成立（结果为 True），执行语句 A，否则（结果为 False），执行语句 B。如果执行语句是多条语句，则要换行并缩进，以表示属于 if 的同一执行范围。else 为可选语句，冒号后为判断条件 P 不成立时应执行的语句，同样，多个语句应换行并缩进。

2. 条件表达式

条件表达式 P 可以是比较运算符运算后的单一逻辑表达式，比较运算符功能如表 2-9 所示；

也可以是使用逻辑运算符 not、and、or 组合的多重逻辑表达式，逻辑运算符功能如表 2-10 所示。如 ((year%4==0 and year%100!=0) or year%400==0) 表示判断 year 这一年是否闰年，如果 year 能被 4 整除并且不能被 100 整除是闰年，或者 year 能被 400 整除，也是闰年。满足以上条件结果返回 True，否则返回 False。

在 Python 中 True 和 False 是这样定义的：任何非 0 和非空（null）的值为 True，0 或者 null 为 False。

表 2-9　比较运算符及其功能

比较运算符	功　　能
>	大于，如果运算符前面的值大于后面的值，则返回 True；否则返回 False
>=	大于或等于，如果运算符前面的值大于或等于后面的值，则返回 True；否则返回 False
<	小于，如果运算符前面的值小于后面的值，则返回 True；否则返回 False
<=	小于或等于，如果运算符前面的值小于或等于后面的值，则返回 True；否则返回 False
==	等于，如果运算符前面的值等于后面的值，则返回 True；否则返回 False。注意与赋值符号 "=" 的区别
!=	不等于，如果运算符前面的值不等于后面的值，则返回 True；否则返回 False
is	判断两个变量所引用的对象是否相同，如果相同则返回 True；否则返回 False
is not	判断两个变量所引用的对象是否不相同，如果不相同则返回 True；否则返回 False

表 2-10　逻辑运算符及其功能

逻辑运算符	功　　能
and	与，有两个操作数 a 和 b，只有它们都是 True 时，才返回 True，否则返回 False
or	或，有两个操作数 a 和 b，只有它们都是 False 时，才返回 False，否则返回 True
not	非，只需要一个操作数 a，如果 a 的值为 True，则返回 False；反之，则返回 True

3. 行间缩进和行末冒号

在顺序结构的程序设计中，基本上不存在缩进和行末冒号问题，但在 if 语句的使用中需要注意以下两点。

（1）严格遵循缩进规则，一般缩进 4 个字符。也可设置为缩进两个字符，但同一程序中必须遵循同一缩进规则。

（2）if 语句判断条件的行末和 else 行末都有 "："，表示该语句未完，如果缺少了冒号，则程序会出现语法错误。

【问题 2】输入一个整数，判断其奇偶性。

解题思路：利用 input() 函数请求用户输入一个整数，将该整数对 2 求余，如果余数是 0，则该数是偶数，否则该数是奇数。程序如表 2-11 所示。

表 2-11　判断奇偶性程序

# 程序	结果
shu=int(input(" 请输入一个整数："))	请输入一个整数：100
if shu%2==0: # 判断是否能被 2 整除	此数为偶数
print(" 此数为偶数 ") # 能，是偶数	
else:	
print(" 此数为奇数 ") # 不能，是奇数	

在表 2-11 所示的程序中，我们要注意以下几点。

（1）int() 函数表示将一个字符串或数字转换成整数。

（2）% 是求余运算符，表示两数相除后的余数，如 10%3=1。

（3）Python 中用 "=="表示判断左右两边的表达式是否相等，而 "="表示的是赋值。两者不能混淆。

二、if 语句嵌套

1. if 与 elif 嵌套

假如需要对输入的成绩进行 A、B、C、D 四个等级的换算，程序用到的选择分支不止两个，而是四个，这时候可以用 if 与 elif 嵌套，实现多分支条件判断结构。Python 条件语句的嵌套可表示为：

```
if 条件 1:
    语句 A
elif 条件 2:
    语句 B
elif 条件 3:
    语句 C
......
else:
    语句 D
```

if 嵌套语句含义为：如果满足条件 1，执行语句 A；否则（在不满足条件 1 情况下）如果满足条件 2，执行语句 B；否则（在不满足条件 1 和条件 2 情况下）如果满足条件 3，执行语句 C；否则以上条件都不满足，执行语句 D。

【问题 3】请将学生成绩转换为等级：85 分或以上为 A，70 分或以上为 B，60 分或以上为 C，其余为不及格。

解题思路：如果大于等于 85 分设为 A，否则的情形就属于低于 85 分的范围，故大于等于 70 分设为 B，否则的情形就属于低于 70 分的范围，故大于等于 60 分设为 C，否则就是不及格。

程序如表 2-12 所示。

表 2-12　成绩转换为等级的程序

# 程序	结果 1：
score = eval(input(" 请输入成绩："))	请输入成绩：10
if score >= 85: #score 大于等于 85	输入成绩属于级别：不及格
grade = "A"	
elif score >= 70: #score 小于 85 且大于等于 70	结果 2：
grade = "B"	请输入成绩：78
elif score >= 60: #score 小于 70 且大于等于 60	输入成绩属于级别：B
grade = "C"	
else:	结果 3：
grade = " 不及格 " #以上都不是	请输入成绩：98
print(" 输入成绩属于级别 :{}".format(grade))	输入成绩属于级别：A

从表 2-12 所示的程序中，我们观察到：

（1）eval() 函数用来执行一个字符串表达式，并返回表达式的值，如 eval("3+4*2") 返回结果为 11。

（2）format() 函数是字符串格式化函数，与 {} 匹配使用，非常灵活。

2. if 的多层嵌套

if 语句的嵌套除 if 与 elif 嵌套外，还可以是 if…else… 与 if…else… 的嵌套，外层 if 与嵌套 if 的条件表达式是 and（逻辑与）的关系。

```
if 条件 1：
   if 条件 2：
     语句 A
   else：
     语句 B
else：
   if 条件 3：
     语句 C
   else：
     语句 D
```

我们通过一个例子来说明这种嵌套格式的执行过程。

【问题 4】请输入一个整数，试判断能否同时被 2 和 3 整除。

解题思路：判断一个整数是否能同时被 2 和 3 整除的结果有四种：

（1）同时被 2 和 3 整除；

（2）能被 2 整除，不能被 3 整除；

（3）能被 3 整除，不能被 2 整除；

（4）不能被2和3整除。

可以归纳出，第（1）（2）种是能被2整除的情况，第（3）（4）种是不能被2整除的情况，在每种情况里面再嵌套是否被3整除的情况。程序如表2-13所示。

表2-13 判断能否同时被2和3整除的程序

# 程序	结果1：
num=int(input(" 输入一个数字："))	输入一个数字：5
if num%2==0: # 第1处	不能被2和3整除
if num%3==0: # 第2处	
print (" 可以被2和3整除 ")	结果2：
else: # 此处 else 与第2处的 if 匹配	输入一个数字：9
print (" 可以被2整除，但不能被3整除 ")	可以被3整除，但不能被2整除
else: # 此处 else 与第1处的 if 匹配	
if num%3==0: # 第3处	结果3：
print (" 可以被3整除，但不能被2整除 ")	输入一个数字：6
else: # 此处 else 与第3处的 if 匹配	可以被2和3整除
print (" 不能被2和3整除 ")	

在 if 的嵌套程序中，特别要注意每行的缩进，看清楚 if 与 else、elif 与 else 的对应关系，这种逻辑关系是通过缩进来体现的。缩进位置错了，会导致 if 与 else、elif 与 else 的匹配错误，引发程序逻辑错误。

● 探究活动

● 实践

法律规定，车辆驾驶员的血液酒精含量小于20mg/100mL 不构成酒驾；酒精含量大于或等于20mg/100mL 为酒驾；酒精含量大于或等于80mg/100mL 为醉驾。输入一个酒精含量值，试判断是否酒后驾车。

三、海龟的最佳路径

在"美丽的分形树"项目范例中，我们设置了海龟走分岔路情景：海龟拿着地图以10米/秒速度前进，走着走着，眼前有三条分岔路，路牌写着"左边路限速5米/秒，中间路限速4米/秒，右边路限速6米/秒"。假设海龟已经测量了三条分岔路的长度，你能帮海龟找出最省时间的最佳路径吗？

1. 海龟走分岔路

情景中需要找到海龟在三条分岔路中通过时间最短的路，这就是海龟的最佳路径。把条件归纳一下，就是要求输入三条路的长度，通过已知的速度，分别求出每条路通过的时间（时间＝

路程／速度），然后通过两次比较判断，找到最短时间对应的路径。

有三个数，如何通过两次判断求最小值？想象一下，如果只有一个数 a，那么我们可以直接认为这个数 a 就是最小了；如果再给一个数 b，你会把这个数 b 与最小的那个数 a 相比较，如果 b 比当前最小的数 a 还小，那么你会把 b 当作当前最小的数；如果还给一个数 c，你会用同样的方法再比较一次，最后找到最小的数。当然，我们每次记录最小的数之余，还要记录该数的位置。

2. 程序实现

海龟的最佳路径程序参见表 2-14。

表 2-14　海龟的最佳路径程序

# 程序	结果 1
print(" 请输入三条路径的长度：")	请输入三条路径的长度：
road1=int(input()) # 用户输入三条路径的长度	12
road2=int(input())	14
road3=int(input())	15
spead1=4 # 保存三条路的速度	最短时间通过的是第三条路，通过时间为 2.5 秒
spead2=5	
spead3=6	结果 2
time1=road1/spead1 # 求出每条路通行时间	请输入三条路径的长度：
time2=road2/spead2	3
time3=road3/spead3	4
	5
# 以下是求三个数最小值的常用方法	最短时间通过的是第一条路，通过时间为 0.75 秒
minTime=time1 # 一开始认为第一个数最小	
minRoad=1 # 把最小数对应的位置记录下来	结果 3
if time2<minTime: # 把第二个数与当前最小数比较	请输入三条路径的长度：
minTime=time2 # 如果比当前最小数还小，记录下来	8
minRoad=2 # 同时记录其位置	9
if time3<minTime: # 把第三个数与当前最小数比较	11
minTime=time3 # 如果比当前最小数还小，记录下来	最短时间通过的是第二条路，通过时间为 1.8 秒
minRoad=3 # 同时记录其位置	
print(" 最短时间通过的是第 "+str(minRoad)+" 条路，通过时间为 "+str(minTime)+" 秒 ")	

程序中，首先通过 input() 函数读入三条路径的长度，然后通过"时间＝路程／速度"求出三条路通过的时间，分别为 time1、time2、time3。定义两个变量 minTime 和 minRoad，分别表示当前时间的最小值和其对应的路径，把第一条路径的通行时间 time1 赋给 minTime，minRoad 赋对应值为 1。比较 time2 与 minTime，如果 time2 比 minTime 还小，则改变当前最小值 minTime 为 time2，minRoad 赋对应值为 2。如此类推，最后输出的必定是最小时间值和对应的路径。

需要注意的是，程序中用到了 str() 函数，这是数据类型转换函数，将数值类型转换为字符串类型。

● 探究活动

● 实践

如表 2-15 所示，三条线段长分别为 a、b、c，请编写程序判断表中哪组数据能构成三角形，并把答案填写在表中。

表 2-15　能否构成三角形数据表

	线段 a	线段 b	线段 c	能否构成三角形
第 1 组	1	2	3	
第 2 组	2	3	4	
第 3 组	8	4	3	

● 项目实施

各小组根据项目选题及拟定的项目方案，参照上述实例分析，结合选择结构的相关知识，进一步完善该项目方案中的各项学习活动。

第三节　Python 的循环结构

日常生活中，我们需要不断重复做某项工作，比如求 1 到 100 的累加和，就是对"前数 + 后数"累计重复 99 次。而计算机就是最擅长做这些重复的工作，这项工作在程序设计语言中就由循环结构来完成。

循环是一种控制语句重复执行的结构。Python 语言中提供了两种类型的循环语句：while 语句和 for 语句。

一、while 语句

1. while 语句的流程图

如图 2-11 所示，是 while 语句的执行流程图。当条件表达式 P 为 True 时，执行语句 A，执行完后再回到条件表达式 P 作判断，如果表达式 P 仍为 True，继续执行语句 A，否则退出循环，执行循环体后面的语句。

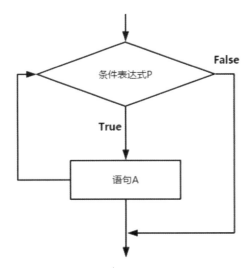

图 2-11　while 语句的流程图

while 语句的循环是由条件控制的循环，当条件为真时，不断执行循环体。其基本形式是：

while 条件表达式P：
　　语句 A

如要实现 1 到 100 的累加和，程序如表 2-16 所示。

表 2-16　1 到 100 求和程序

# 程序	结果
num=1 result=0 while num<=100: 　result=result+num 　num=num+1 print(result)	5050

程序中，num 是当前要累加的数，初始值为 1，result 是累加的结果，初始值是 0。while 循环中，条件表达式是 num<=100，如果满足该条件，将 num 的每个值都加在 result 上，然后 num 自加 1，当条件 num<=100 不满足的时候，表示已经将 1 到 100 都累加了，退出循环，最后打印 result 的结果，结果为 5050。

注意 while 语句条件表达式后面的 "："，表示循环语句还没结束，紧跟着两行是循环体，循环体必须整体缩进。如果错误地将循环体写成如下所示：

```
while num<=100:
    result=result+num
num=num+1
```

则表示 while 语句的循环体只有 result=result+num，语句 num=num+1 不属于循环体内，因循环体内的 num 值永远都不变导致 num<=100 的条件永远都是真的，进入了死循环，没有答案输出。

对于一个初学者来说，编写一个正确的循环语句不容易，但可以遵循以下步骤来加强训练：

（1）确认需要循环的语句，先把这些语句写出来；

（2）将这些语句缩进，在头顶加上 while 语句；

（3）考量 while 语句中的条件表达式，特别注意边界条件是否考虑周全；

（4）添加适当的循环控制语句，使循环体能循环有限次后正常结束。

【问题5】请编写一个程序，在键盘中输入任意一个字符后原样输出，直到输入 0 后结束程序。

解题思路：首先获取用户的键盘输入，然后判断该输入是否为 0，如果不是，原样输出，并再次提示用户输入一个字符，直到用户输入的是 0，程序退出循环，结束。程序如表 2-17 所示。

表 2-17 原样输出程序

# 程序	结果：

s=input(" 请输入一个字符 :")
while s!='0':
  print(s)
  s=input(" 请再输入一个字符 :")
	请输入一个字符：a
	a
	请再输入一个字符：5
	5

2. continue、break 语句

循环体执行过程中，有时候遇到特殊条件会跳过本次循环继续执行下一次循环，甚至直接退出循环执行循环后面的语句。这时，就会用到 continue 或 break 语句来对循环作额外控制，这是控制循环的一种方式。某些情况下，可以简化循环的控制流程，提高代码的可读性。

【问题6】求 100 以内不能被 3 整除的数之和。

解题思路：如果遇到能被 3 整除的数，则 continue，不再执行循环体余下的语句，转到 while 的条件表达式判断是否继续下一次循环，即把能被 3 整除的数剔除了，转到 i<100 判断是否继续循环。程序如表 2-18 所示。

表 2-18 求 100 以内不能被 3 整除的数之和程序

# 程序	结果

i=0
result=0
while i<100:
  i=i+1
  if i%3==0:
    continue
  result=result+i
print(result)
	3367

可见，continue 的作用就是终止本次循环，不再执行循环体余下的语句，转到条件表达式判断是否继续下一次的循环。

● 思考

表 2-18 所示的程序中循环条件是 i<100，而非 i<=100，想想为什么？

【问题7】用户输入 100 以内的任意一个整数，从此数开始累加到 i，直到累加的和刚好超出 1000，求此时的 i 值。

解题思路：从用户输入的数值开始累加，判断相加后是否小于等于 1000，如果是继续循环累加。由于累加后结果可能已经超过 1000，因此必须在循环体内再做一次判断，确实超过了，则 break，退出循环。程序如表 2-19 所示。

表 2-19 求满足条件的 i 值程序

# 程序	结果

i=int(input(" 请输入 1~100 的任意一个数："))
 result=0
 while result<=1000:
   result=result+i
   if result>1000:
     break
   i=i+1
 print(i)
	请输入 1~100 的任意一个数：52
	 68

如果将 if result>1000:break 语句删除，程序错误地输出 69。由此知道，break 的作用就是退出整个循环，继续执行循环语句的下一条语句，如程序中的 print(i)。

3. while 语句的典型应用

在日常应用中，往往由用户输入若干个正整数，要求求出最大值和最小值。在不确定循环次数的情况下，就必须要使用 while 语句。

我们可以设定一个循环结束的边界条件，因为用户输入的都是正整数，我们可以提示用户输入 0 表示输入结束。

程序中，只要我们每次把用户输入的数据与当前最大值和最小值作比较，如果当前值比最大值还大，修改最大值为当前值，如果当前值比最小值还小，修改最小值为当前值。当用户结束输入后，最大值和最小值也就求出来了。程序如表 2-20 所示。

表 2-20　求最大值和最小值程序

# 程序	结果

i=int(input(" 请输入，0 表示结束："))
max=i
min=i
while i!=0:
　if i>max:
　　max=i
　if i<min:
　　min=i
　i=int(input(" 请再输入，0 表示结束："))
print(" 最大值是：{}, 最小值是：{}".format(max,min))
	请输入，0 表示结束：8
	请再输入，0 表示结束：1
	请再输入，0 表示结束：3
	请再输入，0 表示结束：7
	请再输入，0 表示结束：9
	请再输入，0 表示结束：4
	请再输入，0 表示结束：15
	请再输入，0 表示结束：0
	最大值是：15, 最小值是：1

● 实验

如果将表 2-20 所示程序中倒数第二行的语句 "i=int(input(" 请再输入，0 表示结束："))" 放在 "while i!=0:" 和 "if i>max:" 之间，结果是否出错？如果出错，尝试在适当位置加上 break 语句修正程序。

二、for 语句

我们经常会碰到知道循环次数的循环，比如从第 1 次循环到第 10 次，为此设置计数器 i，通过遍历计数器来控制循环，反复执行语句 A，写成 while 语句如表 2-21 所示。

表 2-21　while 语句与 for 语句的等价写法

while 语句	for 语句
i=1 while i<11: 　语句 A 　i=i+1	for i in range(1,11): 　语句 A

为了简化流程，Python 中提供了 for 语句来执行已知循环次数的循环。for 语句的循环是由计数器控制的循环，当计数还没结束的时候始终执行循环体内的语句。其基本形式是：

```
for 变量 in 序列：
    语句 A
```

其中，序列是包括列表、元组、集合、字典、字符串等能够遍历的数据类型，变量是序列中的某个元素。

● 查阅

请上网查找关于 Python 中列表、元组、集合、字典、字符串的概念，比较分析它们之间的异同，并用自己的语言描述一下你对"遍历"的理解。

如表 2-21 所示，while 语句与 for 语句等价，对比两种循环语句发现，for 语句更可读、更简洁、更优雅。

1. for 语句流程图

如图 2-12 所示，是 for 语句的执行流程图。当语句中序列还没遍历完，进入 True 分支，执行语句 A，直到序列中所有元素都遍历完了，进入 False 分支，退出循环。

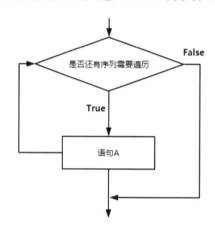

图2-12　for 语句流程图

如用 for 语句改写 1 到 100 的累加，程序如表 2-22 所示。

表2-22　1 到 100 求和程序

# 程序	结果
result=0 for num in range(1,101): 　result=result+num print(result)	5050

程序中先将 result 初始化为 0，用来保存累加的结果。利用 range() 生成 1 到 100 序列，用 for 语句遍历整个序列，每遍历一个元素存储在 num 中，并将 num 加到 result 中，循环结束，累加完成，最后输出结果。

注意 for 语句行末是"："，表示语句未结束，接下来缩进部分是循环体。因为 print(result) 累加完毕后才执行，不是循环体的一部分，不必缩进。

使用 range() 函数创建一个整数序列，这个序列是一个列表，语法如下：

```
range([start,]stop[,step])
```

● 　start：计数从 start 开始。默认是从 0 开始，可省。

- stop：计数到 stop 结束，但不包括 stop。如 range(1,101) 表示取值从 1 到 100。
- step：步长，表示每取一个值与前值的间隔，默认为 1，可省。

【问题 8】海龟画线段的函数是 forward()，左转函数是 left()，你能利用 for 语句让海龟绘制一个 80×80 的正方形吗？

解题思路：先用 forward() 绘制一条长为 80 的线段，然后左转 90°，再绘制，如此类推，4 次循环即可完成。程序如表 2-23 所示。

表 2-23　绘制正方形程序

# 程序	结果
import turtle for i in range(4): # 循环四次 　　turtle.forward(80) # 线长 80 　　turtle.left(90) # 左转 90°	

2. for in else 语句

for in else 表示当循环正常执行完毕后，再执行 else 后的语句，如果遇到 break 语句导致循环退出，则不再执行 else 后面的语句。类似的 while else 也是一样的用法。

【问题 9】请输入一个大于 1 的整数，判断是不是质数。

解题思路：只要找到一个除 1 和它本身的整数被它整除，则这个数就不是质数，所以遍历这些数，只要找到一个数能被它整除，就输出该数不是质数的信息，然后退出循环。只有所有小于它本身的整数全部遍历一遍后才可能是质数。程序如表 2-24 所示。

表 2-24　判断质数程序

# 程序	结果

num=int(input(" 请输入一个大于 1 的整数："))
for i in range(2,num):
　　if num%i==0:
　　　　print(num," 不是质数 ")
　　　　break
else:
　　print(num," 是质数 ")
	请输入一个大于 1 的整数：5
	5 是质数
	
	请输入一个大于 1 的整数：8
	8 不是质数

程序中注意 else 的行间缩进，如果向右缩进四个空格，则 else 是与 if 匹配的，则程序的逻辑就变了。

3. for 语句的典型应用

数据统计是一个重复度非常高的领域，而这恰恰是计算机最擅长的工作，因此数据统计就

成了计算机应用的重要领域。我们尝试使用 for 语句来解决数据统计的问题。

【问题 10】请摘录一段英文文本作为输入，分别统计大写字母、小写字母、数字和其他字符出现的次数。

解题思路：研究 ASCII 码表发现，10 个阿拉伯数字、26 个大写字母、26 个小写字母均集中出现在某一个区域，并且按照数字或字母顺序排列，相邻两个对应的码值相差 1，我们可以通过这个规则判断出现的字符究竟是属于哪种类型。

Python 中提供了 ord() 函数来求出某个字符的 ASCII 码，通过对比字符的 ASCII 码是否出现在某个区间来判断属于哪种类型的字符。程序如表 2-25 所示。

表 2-25　统计字符字数程序

# 程序	结果

english='Hello,Jim.I am Tom.I am 13 year old.'
shuzi=0
daxie=0
xiaoxie=0
qita=0
 	
for i in english:
　if ord('0')<ord(i)<ord('9'):
　　shuzi=shuzi+1　# 字符在 0-9 之间
　elif ord('A')<=ord(i)<=ord('Z'):
　　daxie=daxie+1　# 字符在 A-Z 之间
　elif ord('a')<=ord(i)<=ord('z'):
　　xiaoxie=xiaoxie+1　# 字符在 a-z 之间
　else:
　　qita=qita+1　# 其他字符
 	
print(" 数字出现了 :",shuzi, " 次 ")
print(" 大写字母出现了 :",daxie, " 次 ")
print(" 小写字母出现了 :",xiaoxie, " 次 ")
print(" 其他字符出现了 :",qita, " 次 ")
	数字出现了：2 次
	大写字母出现了：5 次
	小写字母出现了：19 次
	其他字符出现了：10 次

三、海龟画方块田

在"美丽的分形树"项目范例中，我们设置了海龟画方块田的情景：海龟拿着地图毅然勇往直前，前面映入眼帘的是一片绿油油的稻田，这块稻田是"田"字形的，每边都是 80 米长，海龟被眼前景色陶醉了，它想用笔画下来，你能帮它一起完成吗？

我们已经知道如何利用海龟绘制一个正方形了，但"田"字是由四个正方形构成，这时候我们需要用到循环的嵌套来完成。

1.嵌套循环

嵌套循环是指一个循环嵌套到另一个循环里面。嵌套循环由一个外循环和一个或多个内循环构成，当每次重复执行外循环时，内循环都被重新进入并重新开始。例如，实现打印九九乘法表的程序如表2-26所示。

表2-26 九九乘法表程序

```
# 程序
for i in range(1,10):
    for j in range(1,i+1):
        print(i,'*',j,'=',i*j," ",end=" ")
    print(" ")
```

结果：
```
1*1=1
2*1=2  2*2=4
3*1=3  3*2=6  3*3=9
4*1=4  4*2=8  4*3=12  4*4=16
5*1=5  5*2=10  5*3=15  5*4=20  5*5=25
6*1=6  6*2=12  6*3=18  6*4=24  6*5=30  6*6=36
7*1=7  7*2=14  7*3=21  7*4=28  7*5=35  7*6=42  7*7=49
8*1=8  8*2=16  8*3=24  8*4=32  8*5=40  8*6=48  8*7=56  8*8=64
9*1=9  9*2=18  9*3=27  9*4=36  9*5=45  9*6=54  9*7=63  9*8=72  9*9=81
```

程序中，第1个for是外循环，i的取值范围是1~9，第2个for是内循环，每当i取一个值，对应的j会从1到i重新取值，最后输出结果如表2-26所示。注意，end=" "表示第1个print即内循环的打印不换行，第2个print即外循环才换行。

2.程序的实现过程

明白了嵌套循环的意义后，我们可以在绘制一个正方形的代码上嵌套一个外层循环，表示要绘制四个正方形。当然，在内层循环绘制完一个正方形后，需要海龟右转90°，准备下一个正方形的绘制。程序如表2-27所示。

表2-27 绘制田字形程序

# 程序	结果

import turtle
a=80
for i in range(4):
　for j in range(4):
　　turtle.forward(a/2) # 正方形边长是"田"边长的一半
　　turtle.left(90)
　turtle.right(90)	

● 讨论

一般情况下，for 和 while 语句是可以等价转换的。请讨论如表 2-28 所示两段代码是否等价转换，如果不是请改正。

表 2-28　两段程序对比

#for 语句
sum=0
for i in range(4):
　if i%3==0:
　　continue
　sum=sum+1
	#while 语句
	sum=0
	i=0
	while i<4:
	　if i%3==0:
	　　continue
	　sum=sum+1
	　i=i+1

● 实践

（1）请编写程序找出 10 000 以内既能被 3 整除又能被 5 整除的偶数。

（2）请编写程序找出 10 000 以内的所有质数。

● 项目实施

各小组根据项目选题及拟定的项目方案，参照上述实例分析，结合选择结构的相关知识，进一步完善该项目方案中的各项学习活动。

第四节　Python 的模块

在海龟绘图中我们使用了 turtle 模块的各种函数，体验了模块带来的方便。Python 的模块库非常巨大，它就像一个巨人，我们总是站在巨人肩膀上体验编程的乐趣。

一、模块的使用

1. 模块的概念

模块 (Module) 是一个以 .py 作为扩展名的 Python 文件，一般是以函数的形式封装好的能实现某些特定功能的代码段。换句话说，任何 Python 的程序都可以作为模块。多个具有相关功能的模块放在一起就构成了库。

更形象地说，模块可以比作一盒积木，通过它可以拼出多种主题的玩具，这与前面介绍的函数不同，一个函数仅相当于一块积木，而一个模块（.py 文件）中可以包含多个函数，也就是很多积木。模块和函数的关系如图 2-13 所示。

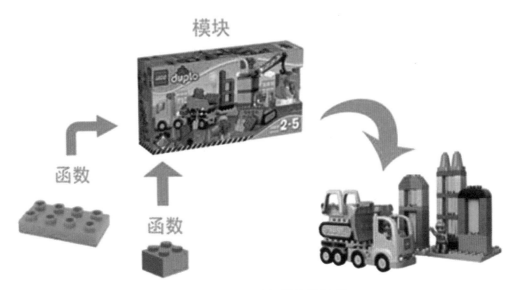

图 2-13 函数与模块的关系

2. 模块的调用方式

模块调用方式的一般形式是：import 模块名 [as 别名]。这种方式会导入指定模块中的所有成员，包括变量、函数、类等。当需要使用模块中的成员时，需用该模块名（或别名）作为前缀，否则程序会报错。如：

```
import turtle
turtle.write(" 我是 turtle 模块 ")
```

程序通过 import turtle 导入海龟模块，以 "turtle." 作为前缀调用海龟模块中的 wirte() 函数，在画布中输出 "我是 turtle 模块"。此外，也可以使用别名来引用模块名，比如：

```
import random as r
print(r.random())
```

程序导入 random 随机数模块，重命名为 r，然后通过 r.random() 语句调用模块里的 random() 随机数生成器，生成一个 0 到 1 的随机数并打印出来。

【问题 11】猜数字游戏：由电脑随机生成一个 0~100 的数字，用户猜，如果猜大了，电脑提示大了，如果猜小了，电脑提示猜小了，直到猜对，并告诉用户猜的次数。

解题思路：先调用 random 模块让电脑随机生成一个 0~100 的数保存在变量中，然后与用户输入不断比较，如果大了，提示 "大了"，如果小了，提示 "小了"，如果相等，则提示 "猜对"，然后退出循环，每猜一次，将次数加 1，最后输出用户总共猜了几次。程序如表 2-29 所示。

表 2-29　猜数字游戏程序

# 程序	结果

import random
number=random.randint(0,100) # 随机生成 0~100 的整数
guess=-1 # 保存用户猜的数
count=0 # 保存猜的次数
while guess!=number: # 如果不相等，不断猜
　guess=eval(input(" 请在 0~100 之间猜一个数字："))
　count=count+1
　if guess==number: # 相等情况
　　print(" 恭喜你，你猜得正确 ")
　elif guess>number: # 大了情况
　　print(" 你猜得太大了 ")
　else: # 小了情况
　　print(" 你猜得太小了 ")
print(" 你总共猜了 ",count," 次 ")
	请在 0~100 之间猜一个数字：74
	你猜得太大了
	请在 0~100 之间猜一个数字：45
	你猜得太大了
	请在 0~100 之间猜一个数字：23
	你猜得太大了
	请在 0~100 之间猜一个数字：12
	你猜得太大了
	请在 0~100 之间猜一个数字：7
	恭喜你，你猜得正确
	你总共猜了 5 次

　　程序中用到了 random 模块里的 randint() 函数，该函数随机生成一个某个范围的整数，如 randint(0,100) 表示随机生成一个大于等于 0 小于等于 100 的整数。

二、海龟模块进阶

　　在海龟绘图时我们已经使用了 import turtle 导入海龟模块。turtle 模块是 Python 标准库的一个模块，它为我们提供了非常丰富的绘图函数。

　　画布上默认有一个坐标原点 (0,0) 在画布的中心位置，坐标原点上有一只面朝 x 轴正方向的海龟（黑色小三角形）。turtle 绘图中，就是使用位置、方向来描述海龟 (或叫画笔) 的状态，如海龟的初始状态在坐标原点，水平向右。可以设置画笔的线宽、颜色和移动的速度，如下所示。

　　（1）turtle.pensize(size)：设置画笔的宽度为 size。

　　（2）turtle.pencolor(color)：没有参数传入，返回当前画笔颜色。传入参数设置画笔颜色，color 可以是字符串如 "green" "red"，也可以用 RGB 的三元组来表示颜色。

　　（3）turtle.speed(s)：设置画笔移动速度。画笔绘制的速度 s 范围为 0~10 的某个整数，数字越大速度越快，但最大速度用 0 表示。

　　海龟绘图有许多函数，这些命令可以划分为 4 种：如表 2-30 所示是画笔运动函数，表 2-31 所示是画笔控制函数，表 2-32 所示是全局控制函数，表 2-33 所示是其他函数。

创客教育系列丛书

初中第一册

表 2-30　画笔运动函数

函　数	意　义
turtle.forward(distance)	向当前画笔方向移动 distance 像素长度
turtle.backward(distance)	向当前画笔相反方向移动 distance 像素长度
turtle.right(degree)	顺时针移动 degree°
turtle.left(degree)	逆时针移动 degree°
turtle.pendown()	移动时绘制图形，缺省时也为绘制
turtle.goto(x,y)	将画笔移动到坐标为 x,y 的位置
turtle.penup()	提起笔移动，不绘制图形，用于另起一个地方绘制
turtle.circle()	画圆，半径为正（负），表示圆心在画笔的左边（右边）画圆
turtle.setx( )	将当前 x 轴移动到指定位置
turtle.sety( )	将当前 y 轴移动到指定位置
turtle.setheading(angle)	设置当前朝向为 angle 角度
turtle.home()	设置当前画笔位置为原点，朝向东
turtle.dot(r, color)	绘制一个指定直径和颜色的圆点

表 2-31　画笔控制函数

函　数	意　义
turtle.fillcolor(colorstring)	绘制图形的填充颜色
turtle.color(color1, color2)	同时设置 pencolor=color1, fillcolor=color2
turtle.filling()	返回当前是否在填充状态
turtle.begin_fill()	准备开始填充图形
turtle.end_fill()	填充完成
turtle.hideturtle()	隐藏画笔的 turtle 形状
turtle.showturtle()	显示画笔的 turtle 形状

表 2-32　全局控制函数

函　数	意　义
turtle.clear()	清空 turtle 窗口，但是 turtle 的位置和状态不会改变
turtle.reset()	清空窗口，重置 turtle 状态为起始状态
turtle.undo()	撤销上一个 turtle 动作
turtle.isvisible()	返回当前 turtle 是否可见
turtle.stamp()	复制当前图形
turtle.write(s [,font=("font-name",font_size,"font_type")])	写文本，s 为文本内容，font 是字体的参数，分别为字体名称、大小和类型；font 为可选项，font 参数也是可选项

表 2-33　其他函数

函　数	意　义
turtle.mainloop() 或 turtle.done()	启动事件循环——调用 Tkinter 的 mainloop 函数；必须是海龟图形程序中的最后一个语句
turtle.mode(mode=None)	设置海龟模式（"standard" "logo" 或 "world"）并执行重置；如果没有给出模式，则返回当前模式
turtle.delay(delay=None)	设置或返回以毫秒为单位的绘图延迟
turtle.begin_poly()	开始记录多边形的顶点；当前的海龟位置是多边形的第一个顶点
turtle.end_poly()	停止记录多边形的顶点；当前的海龟位置是多边形的最后一个顶点；将与第一个顶点相连
turtle.get_poly()	返回最后记录的多边形

三、绘制海龟的二维码

在"美丽的分形树"项目情景中，海龟被迎面前来的书生拦住了，海龟本想告诉他此行是为了绘制分形树的，奈何书生只能看懂二维码，听不懂海龟说的话，海龟唯有求助 MyQR。MyQR是海龟的好朋友，他擅长二维码制作，可以将海龟要说的话通过二维码表达。你能与他们一起制作一个印有海龟头像的二维码吗？尝试用英语将海龟对书生说的话在二维码中表达出来。

1. MyQR 模块的下载、安装

自从有了移动支付后，二维码成为我们日常生活不可缺少的一部分。我们尝试使用 MyQR模块来制作一个拥有海龟头像的二维码。MyQR 可以根据需要生成普通二维码、带图片的二维码和动态二维码等。

MyQR 模块是属于第三方库，打开命令提示符面板（在 Windows 的"开始"菜单中选择"运行"命令，在弹出的界面中输入"cmd"打开），然后在里面输入"pip3 install MyQR"，安装成功后，我们就可以开始使用了。

2. run() 函数的使用方法

MyQR 模块中，最常用的是 run() 函数，函数里包括 9 个参数，其中最常用的是 words 和 picture。words 表示二维码输出的信息，可以是英文、网址等信息，暂不支持中文输出。picture 是二维码的背景图片，可以是静态图片，也可以是动态图片。其他参数含义如表 2-34 所示。

表 2-34 run() 函数各参数解释

参　数	含　义	数据类型	详　细
words	二维码指向链接	字符串	输入链接或者句子作为参数，暂不支持中文
version	边长	整型	控制边长，范围是 1 到 40。数字越大，边长越大。默认边长是取决于你输入的信息的长度和使用的纠错等级
level	纠错等级	字符串	控制纠错水平，范围是 L、M、Q、H，从左到右依次升高，默认纠错等级为 'H'
picture	结合图片	字符串	将 QR 二维码图像与一张同目录下的图片相结合，产生一张黑白图片
colorized	颜色	布尔	使产生的图片由黑白变为彩色的
contrast	对比度	浮点型	调节图片的对比度，1.0 表示原始图片，更小的值表示更低对比度，反之更高。默认为 1.0
brightness	亮度	浮点型	调节图片的亮度，其余用法和取值与 contrast 相同
save_name	输出文件名	字符串	默认输出文件名是"qrcode.png"
save_dir	存储位置	字符串	默认存储位置是当前目录

我们通过调用 run() 函数绘制海龟的二维码。情境中，海龟对书生说："Hello,I'm turtle.I want to draw a beautiful fractal tree."，我们把对话内容当作字符串，赋值给 words 参数，即可生成二维码。如表 2-35 所示，在程序所在目录下找到 qrcode.png，就是程序生成的二维码，只要拿手机扫一扫二维码，即可出现字符串"Hello,I'm turtle.I want to draw a beautiful fractal tree."。

表 2-35 绘制二维码程序

# 程序	结果
from MyQR import myqr myqr.run(words=" Hello,I'm turtle.I want to draw a beautiful fractal tree.") # 假设把上述程序保存到 c:\ 目录下，运行程序后，在 c:\ 目录下能找到生成的二维码图片，默认文件名为 qrcode.png	

情境中需要绘制一张带有海龟背景的二维码，如图 2-14 所示，我们把海龟图片 turtle.jpg 找到，放到与程序同一个目录下（如 c:\），将图片文件名赋值给 picture 参数，即可生成一张带有海龟背景的二维码。如表 2-36 所示，在程序目录下找到 turtle_qrcode.png，就是程序生成的二维码，只要拿手机扫一扫二维码，即可出现字符串"Hello,I'm turtle.I want to draw a beautiful fractal tree."。

图 2-14　海龟背景图

表 2-36　绘制黑白二维码程序

# 程序	结果
from MyQR import myqr myqr.run(words="Hello,I'm turtle.I want to draw a beautiful fractal tree.",picture="turtle.jpg") # 假设把上述程序和 turtle.jpg 保存到 c:\ 目录下，运行程序后，在 c:\ 目录下能找到生成的二维码图片，默认文件名为 turtle_qrcode.png	

带图片的二维码是黑白色的，能否将彩色的背景色保留下来呢？如表 2-37 所示的程序可以做到。加上 colorized=True 参数，表示彩色显示二维码。

表 2-37　绘制彩色二维码程序

# 程序	结果
from MyQR import myqr myqr.run(words="Hello,I'm turtle.I want to draw a beautiful fractal tree.",picture="turtle.jpg",colorized=True) # 假设把上述程序和 turtle.jpg 保存到 c:\ 目录下，运行程序后，在 c:\ 目录下能找到生成的二维码图片，默认文件名为 turtle_qrcode.png	

● **探究活动**

● **实践**

尝试下载一张 gif 动画图片作为背景图，生成一张动态二维码。

● **项目实施**

各小组根据项目选题及拟定的项目方案，参照上述实例分析，结合选择结构的相关知识，进一步完善该项目方案中的各项学习活动。

第五节　递归及其应用

日常生活中，我们经常会用到递归的思想。例如，班主任把调查表发给每组的第一位同学，要求填写好之后依次传给后面的同学，以此类推，最后同学填写好之后，把表格从后面依次传回给老师。又比如，我们要查字典认识一个字，发现这个字的解释所引用的字还是不懂，我们继续查，一直查到解释里所有的字都懂了，依次返回上一个字，直到我们一开始要查的那个字都认识了为止。

一、递归的概念

1. 递归的含义

一个函数如果在其定义内部直接或间接地出现对其本身的引用，或者是为了描述问题的某一状态，必须要用到它的上一状态，而描述上一状态，又必须用到它的上一状态……这种用自己来定义自己的方法，称为递归。在程序设计中，函数直接或间接调用自己，就被称为递归调用。

2. 递归的执行过程

递归是有去有回的，包括"递去"和"归来"两个阶段，如图 2-15 所示。"递去"是指：递归问题必须可以分解为若干个规模较小、与原问题形式相同的子问题，这些子问题可以用相同的解题思路来解决，也称为递推。递推过程是一个从大到小，由近及远的过程。"归来"是指：这些问题的演化过程到达了临界点（图 2-15 中的"不满足条件"）后，就不用再往更小、更远的地方走下去，而是直接解决此问题（通常是问题的最小规模）。最后，从这个临界点开始，原路返回到原点，原问题解决。归来也称作回溯，回溯过程是一个从小到大，由远及近的过程。

递归的基本思想就是把规模大的问题转化为规模小的相似的子问题来解决。在函数实现时，因为解决大问题的方法和解决小问题的方法往往是同一个方法，所以就产生了函数调用它自身的情况，这也正是递归的定义所在。要注意的是，这个解决问题的函数必须有明确的结束条件，否则就会导致无限递归的情况。

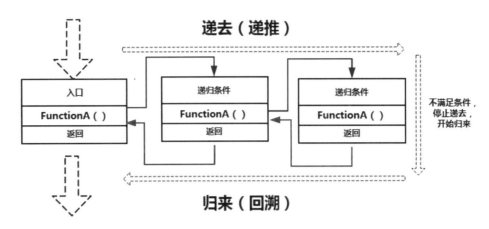

图 2-15 递归函数的执行过程

3.递归的格式

由递归定义可知，递归是有条件地自己调用自己，因此，可以得出递归函数定义的一般表现形式：

```
def functionA(大规模):
    if(临界条件):# 递归终止条件
        return
    functionA(小规模)# 递归部分
```

递归的目的是在递去或者归来过程中解决问题。从递归的执行过程分类，可以划分为两种模型：①在递去的过程中解决问题，如前述中的调查表问题；②在归来的过程中解决问题，如前述中的查字典问题。两者的不同点在于递归调用的顺序：先解决问题再调用递归还是先调用递归再解决问题。

模型一： 在递去的过程中解决问题

```
def functionA(大规模):
if(临界条件):# 递归终止条件
    return# 简单情景
# 递归的过程是在将问题转换为子问题的每一步解决该步中的问题
solve()# 在递去过程解决问题
functionA(小规模)# 递到最深处后，不断归来
```

模型二： 在归来的过程中解决问题

```
def functionA(大规模):
    if(临界条件):# 递归终止条件
        return# 简单情景
# 递归的过程是先将问题全部描述展开，再由临界点返回，在返回中依次解决每步中的问题
functionA(小规模)# 不断递去，直到遇到终止条件
solve()# 递到最深处后，在归来途中解决问题
```

4.实例：递归求和

【问题12】利用递归函数求和，计算 1 到 n 之和（n 为大于等于 1 的整数）。

解题思路：题目要求求 1 到 n 的和，实际上可以用（n-1）的和加上 n；（n-1）的和也可以表示为（n-2）的和加上（n-1）；如此类推，最后，当 n=1 时，1 到 1 的和就是 1。递归求和函数程序如表 2-38 所示。

表 2-38　递归求和程序

# 程序	结果
def s(n): # 递归函数的定义 　if n==1: # 递归终止条件 　　return 1 # 每次规模比前一次少 1，返回当前 (n-1) 的和再加上 n return s(n-1)+n print(s(100)) # 测试求 1 到 100 的和	5050

二、递归的求解过程

1.递归的数学模型

我们以"递归求和"为例讨论递归的数学模型。我们知道，把 1 到 n 的求和展开后可以写成以下形式：$s=1+2+3+\cdots+(n-1)+n$，如果把前 n 项和记为 s_n，则前 $n-1$ 项和为 s_n-1，于是有：

$s_1=1$

$s_2=s_1+2=1+2$

$s_3=s_2+3=s_1+2+3=1+2+3$

$s_4=s_3+4=s_2+3+4=s_1+2+3+4=1+2+3+4$

……

$s_n=s_{n-1}+n=s_{n-2}+(n-1)+n=\cdots\cdots=1+2+3+4+\cdots\cdots+(n-1)+n$

把表达式归纳一下，可以把求和的过程用以下表达式来表示：$s_n=s_{n-1}+n$，特别地，当 $n=1$ 时，$s_1=1$，这就是"递归求和"的数学模型，即：

$$s_n=\begin{cases}1, n=1 \\ s_{n-1}+n, n>1\end{cases}$$

2.递归函数的调用过程

如果把 s_n 写成函数，则 s 就是函数名，n 就是参数，记为 s(n)，因此有 s(n)=s(n-1)+n，函数 s(n) 在每次调用过程中都调用了比自己规模更小的 s(n-1)，将求和的范围不断缩小，当范围缩小到 n=1 时，s(1)=1，这就是自己调用自己的终止条件。

函数在调用过程中自己调用了自己，当遇到终止条件的时候，终止调用并返回，这就是递归函数的本质。把 s(n) 的调用过程展开如下：

s(n)=s(n−1)+n

s(n)=s(n−2)+(n−1)+n

……

s(n)=s(1)+2+3+……+(n−1)+n

当 n 为 1 时，s(n)=1，结束，即 s(n)=1+2+3+……+(n−1)+n

由上得知，写成 Python 的递归函数如下：

```
def s(n):
    if n==1:
        return 1
    return s(n-1)+n
```

从程序中可以看出：递归函数先处理特殊情况的判断，再处理递归关系。递归函数的执行过程总是先通过递归关系不断地缩小问题的规模，直到简单到可以作为特殊情况处理而得出直接的结果，再通过递归关系逐层返回到原来的数据规模，最终得出问题的解。

3. 递归函数的执行过程

仍以"递归求和"函数 s(n) 为例，说明当 n=3 时函数是如何求值的。如图 2-16 所示，这是 s(3) 递归调用的执行过程。在求 s(3) 时，由于 3 不是特殊值，因此需要计算 s(2)+3，但 s(2) 是对它自己的调用，于是再计算 s(2)，2 也不是特殊值，需要计算 s(1)+2，需要知道 s(1) 的值，1 是特殊值，于是直接得出 s(1)=1，返回上一步，得 s(2)=s(1)+2=1+2=3，再返回上一步，得 s(3)=s(2)+3=3+3=6，从而得最终解。

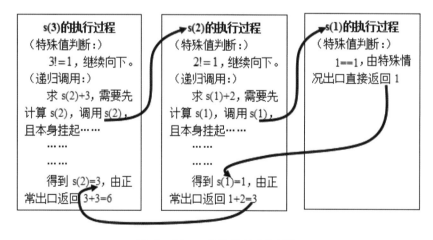

图 2-16　s(3) 的执行过程

4. 递归三要素

我们了解了递归的基本思想及其数学模型之后，可以从以下三方面来引导我们编写递归函数，简称递归三要素。

（1）明确递归终止条件。

我们知道，递归就是有去有回，在去和回之间必然存在一个临界点，程序一旦到达了这个临界点，就不用继续往下递去而是开始实实在在地归来。换句话说，该临界点就是一种简单情境，特殊情况，能让放出去的风筝收回来，防止无限递归。

（2）给出递归终止时的处理办法。

在递归的临界点存在一种简单情境，在这种简单情境下，我们应该直接给出问题的解决方案。在这种情境下，问题的解决方案是直观的、容易的，是问题解决的特例。

（3）提取重复逻辑，缩小问题规模，找出递归关系式。

从递归概念中我们知道，递归问题必须可以分解为若干个规模较小、与原问题形式相同的子问题，这些子问题可以用相同的思路来解决。从程序实现的角度而言，我们需要抽象出一个重复的逻辑，找出递归关系式，以便使用相同的方式解决缩小规模后的问题。

我们尝试使用递归三要素构建"递归求 1 到 n 的和"的函数 s(n)：

（1）当 n 很大的时候，无法知道 s(n) 是多少，当 n 的规模不断缩小，直到 n 为 1，这是 n 的规模最小的值，函数在这个点上进行了递去、归来的切换，因此，终止条件应该就是 n=1。

（2）当 n=1 时，程序怎样处理呢？毫无疑问，n=1 时，和就是 1，即 s(1)=1，所以，return 1，直接返回 1。这是递归终止的处理办法。

（3）当每次计算 s(n) 的时候，事实上就是计算 s(n-1)+n，s(n-1) 的规模明显比 s(n) 小，s(n-1) 就是 s(n) 的子问题，这个子问题依然可以使用相同的思路来解决，这就抽象出了一个重复的逻辑，直到碰到终止条件才结束。

三、递归的应用

1. 递归与循环

递归与循环是两种解决问题的典型思路，都具有重复执行的特征。递归通常很直白地描述了一个问题的求解过程，因此也是最容易想到的解决方式，具有简洁、清晰、容易验证等特征，但因为在执行过程中消耗了大量的内存资源，重复计算的概率大，导致执行效率不高。循环的结构简单，执行效率高，容易跟踪程序的执行过程，但对高度抽象的问题不那么容易清晰地描述解决问题的步骤。

从程序的执行过程来看，递归是有去有回，而循环是有去无回。举个例子，你用手中的钥匙打开一扇门，结果发现前方还有一扇门，紧接着你又用钥匙打开了这扇门，然后你又看到一扇门……但是当你开到某扇门时，发现前方是一堵墙，无路可走了，你选择原路返回，这就是递归。如果你打开一扇门后，同样发现前方也有一扇门，紧接着你又打开下一扇门……直到打开最后一扇门，出去了，这就是循环。

递归和循环要根据实际问题恰当地选择使用，各有优、缺点，不能一概而论。如表 2-39 所示，比较了递归和循环的优、缺点。

电脑创作

表 2-39 递归与循环的优、缺点

	优 点	缺 点
递归	代码简洁、清晰，并且容易验证正确性	需要较多次数的自我调用，每次调用都要增加额外的堆栈处理。会对执行效率有一定影响，占用过多的内存资源
循环	速度快，结构简单	并不能解决所有的问题。有的问题适合使用递归而不是循环，但在考虑执行效率时优先使用循环

探究活动

交流

如表 2-40 所示，程序是实现求 1 到 n 的和的函数，请比较递归和非递归写法的异同，与同学交流。

表 2-40 递归求和与循环求和程序

# 利用递归求和 	
def s(n):
　if n==1:
　　return 1
return s(n-1)+n
	# 利用循环求和
	def s(n):
	res=0
	for i in range(1,n+1):
	　res=res+i
	return res

2. 递归的应用场景

递归思想在现实生活中有着广泛的应用，甚至有些典型的问题必须要用递归的思想才能解决。能利用递归思想解决的问题大致可以分为三类。①问题的定义是按递归定义的，典型的问题有：阶乘、斐波那契数列、杨辉三角、回文字符串的判断、二分查找等。②问题的解法是按递归实现的，典型的问题有：汉诺塔问题、快速排序等。③数据的结构是按递归定义的，典型的问题有：树的遍历、图的搜索等。我们以斐波那契数列为应用场景再次体验递归的经典应用。

斐波那契数列，又称黄金分割数列，因数学家列昂纳多·斐波那契以兔子繁殖为例子而引入，故又称为"兔子数列"。如图 2-17 所示，幼兔在出生两个月后就有繁殖能力，一对成年兔子每个月能生出一对幼兔。如果所有兔子都不死，那么一对幼兔一年以后可以繁殖多少对兔子？

如表 2-41 所示，第一、第二个月幼兔①没有繁殖能力，所以还是 1 对；第三个月成年兔子①生下一对幼兔②，一共有 2 对；第四个月成年兔子①又生下一对幼兔③，因为成年兔子②还没有繁殖能力，所以一共是 3 对，依次类推可以列出表 2-41。

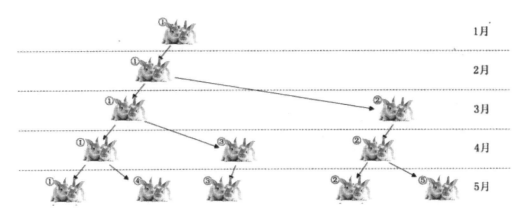

图 2-17　兔子的繁衍过程

表 2-41　每个月的幼兔、成兔、总数对照表

经过月数	1	2	3	4	5	6	7	8	9	10	11	12	…
幼兔对数	1	0	1	1	2	3	5	8	13	21	34	55	…
成兔对数	0	1	1	2	3	5	8	13	21	34	55	89	
总体对数	1	1	2	3	5	8	13	21	34	55	89	144	

得出第 n 个月的数量关系：

（1）幼兔对数＝前月幼兔对数＋前两月幼兔对数

（2）成兔对数＝前月成兔对数＋前两月成兔对数

（3）总体对数＝前月总体对数＋前两月总体对数

可以看出幼兔对数、成兔对数、总体对数都构成了斐波那契数列：第 n 个月的兔子总数等于前两个月兔子总数之和。如果用 F_n 表示第 n 个月兔子总数，则有：

$F_n = F_{n-1} + F_{n-2}$，其中 $F_1 = 1$，$F_2 = 1$

套用递归三要素：递归终止条件是 $n \leqslant 2$；此时的处理办法是 $F(1)=1$，$F(2)=1$；递归关系式是 $F_n = F_{n-1} + F_{n-2}$。程序如表 2-42 所示。

表 2-42　递归求斐波那契数列程序

# 递归求斐波那契数列	结果

``
def fibonacci(i):
    if i<=2:
        return 1
    else:
        return(fibonacci(i-2)+fibonacci(i-1))
print(fibonacci(12))
``
	144

● 对比

请尝试将表中幼兔对数、成兔对数、总体对数的每月数量除以后月数量，分析所得数据的

规律，并对比与黄金分割点值的差异。

四、海龟画分形树

在"美丽的分形树"项目中有这样的情景：海龟打开地图，原来要找的分形树（如图2-18所示）就在不远处，海龟高兴地飞奔过去。"哇，漂亮！"海龟被眼前的分形树震撼了。它赶快拿起笔准备画，突然发现，这分形树颇有规律的，树是由左子树和右子树构成，每棵子树仍然按照这个规律生成。它感叹大自然鬼斧神工之余，心想能否利用树的生长规律，准确无误地绘制出来呢？

图2-18　美丽的分形树

1. 分形树的自相似性

客观事物具有自相似的层次结构，局部与整体在形态、功能、信息、时间、空间等方面具有统计意义上的相似性，这叫自相似性。自相似性是指局部和整体成比例缩小的性质。海龟要画的分形树在形态上就具备自相似性的特征。

对于自相似性的概念，如果把整体看成是需要解决的大规模问题，那么局部就是需要解决的小规模问题。由于整体和局部是具备自相似性特征的，如果把小规模问题解决了，那么大规模的问题也就解决了。这种解决自相似问题的思想恰恰就是递归的思想，因此，可以使用递归的思想来绘制分形树。

2. 绘制最小分形树

如图2-19所示，如果我们把一棵具有一个树干和左右两个枝叶的树看成是一棵最小分形树，那么如图2-20所示，这是由7棵子树构成的分形树。其中，子树2和子树3分别是分形树1的左、右子树，子树4和子树5分别是子树2的左、右子树，子树6和子树7分别是子树3的左、右子树。因此，我们可以把绘制这棵分形树1看成是一个要解决的大规模问题，把绘制子树2和子树3看成是缩小这个大规模问题的小规模问题，同理，把绘制子树4和子树5看成是缩小这个小规模问题的更小规模问题，直到把最终的叶子部分全部绘制出来。

图 2-19 最小分形树

图 2-20 三层分形树

绘制一棵最小分形树有两种方法：①先画树干，再画左子树，最后画右子树；②先画树干，再画右子树，最后画左子树。如图 2-21 所示，以方法②为例说明绘制的过程。

第 1 步：绘制树干；

第 2 步：绘制右侧枝叶；

第 3 步：返回树干节点；

第 4 步：绘制左侧枝叶；

第 5 步：返回树干节点；

第 6 步：回到原点，完成。

3.绘制三层分形树

如果将步骤中绘制右侧枝叶看成是绘制右侧子树，将绘制左侧枝叶看成是绘制左侧子树，那么以上六个步骤就是绘制分形树的算法。而每棵左右子树的绘制过程又重复以上六个步骤，直到将分形树的所有枝叶都绘制出来，这个过程就是递归调用绘制分形树的过程。

在绘制过程中，我们遵循一个原则：先把当前还没绘制的最小子树的右分支绘制出来，再绘制左分支，最后再寻找当前还没绘制的最小子树。如图 2-22 所示，这是递归绘制三层分形树的右子树的示意图，图中把每一节枝叶从下往上依次划分为不同的三个层次，这个层次也形象地表示了递归调用的深度。具体绘制步骤如下。

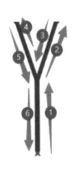

图 2-21 最小分形树的绘制过程

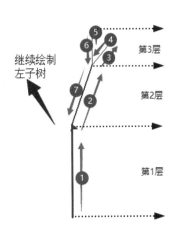

图 2-22 三层分形树右子树的绘制过程

第1步：绘制第1层树干；

第2步：绘制第2层右枝叶；

第3步：绘制第3层右枝叶；

第4步：返回第2层右枝叶节点；

第5步：绘制第3层左枝叶；

第6步：返回第2层右枝叶节点；

第7步：返回第1层树干节点；

第8步：继续绘制左子树。

三层分形树的递归调用的嵌套关系如图2-23所示。第1层是根节点，表示分形树最下面的树干绘制；第2层包括左、右子树，是通过递归调用嵌套在第1层里面；同理，第3层也包括左、右子树，也是通过递归调用嵌套在第2层里面。

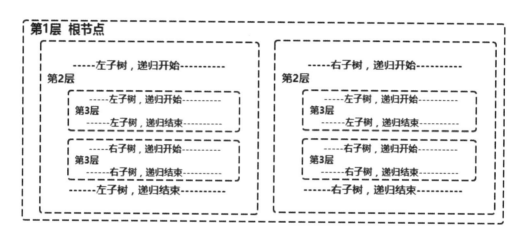

图2-23　三层分形树递归的嵌套关系

● 动手

请根据绘制三层分形树右子树步骤，模仿绘制三层分形树左子树，并将步骤写出来，体会递归思想在绘制过程中的应用。

4. 递归绘制分形树

观察分形树形态我们发现，树枝越往上长越短、越细，到了树叶部分是最短的，树杈的角度是固定的，为了区分树枝和树叶，我们使用棕色表示树枝，用绿色表示树叶。

在绘制过程中，枝叶长度、粗细是可变的，树杈角度是不变的，颜色是可选的。定义 tree_length 和 tree_size 作为绘制分形树递归函数的形式参数，表示枝叶的长度和枝叶的粗细度，每次递归调用的时候枝叶的长度和粗细度都随之减少，比如长度每次递减15，粗细度每次递减1。当枝叶长度少于某值（比如3）则认为枝叶绘制完毕，不再递归下去，这就是递归调用的终止条件。如果定义 draw_tree 作为函数名，则函数可定义为 draw_tree(tree_length,tree_size)。定义 tree_angle 和 tree_color 作为函数的局部变量，表示只能在函数内部使用该参数。tree_angle 表示枝叶展开的角度，tree_color 表示枝叶的颜色。各个变量的含义、初始值、作用域如表2-43所示。

表2-43 draw_tree()函数各变量的含义

变量名	含 义	初始值	作用域
tree_length	枝叶长度	120	形式参数
tree_size	枝叶粗细度	9	形式参数
tree_angle	枝叶展开角度	20	局部变量
tree_color	枝叶颜色	brown	局部变量

当树枝长度 tree_length 值大于某个值（比如30），可以认为这是树枝，否则认为这是树叶。因此需要根据 tree_length 的值改变画笔的颜色，把颜色保存在 tree_color 变量中。

对照前述绘制最小子树的方法，我们尝试使用代码构建出来。在绘制前，海龟已经设置在画布底部，方向向上。首先是绘制树干，实际上就是从下往上画一条长为 tree_length 的线段；然后向右转 tree_angle 度角，递归调用自己绘制右子树，枝叶长为 tree_length-15，粗细为 tree_size-1；接着向左转 tree_angle 度角，原路返回到绘制右子树前的位置；再接着向左转 tree_angle 度角，递归调用自己绘制左子树，枝叶长为 tree_length-15，粗细为 tree_size-1；紧接着向右转 tree_angle 度角，原路返回到绘制左子树前的位置；如果枝叶长度少于某值，递归终止，最后回到起点，完成绘制。如表2-44所示，是绘制分形树的六步骤。

表2-44 绘制分形树六步骤

步 骤	代 码
第1步：绘制树干	turtle.forward(tree_length)
第2步：绘制右侧枝叶	turtle.right(tree_angle) draw_tree(tree_length-15,tree_size-1)
第3步：返回树干节点	turtle.left(tree_angle)
第4步：绘制左侧枝叶	turtle.left(tree_angle) draw_tree(tree_length-15,tree_size-1)
第5步：返回树干节点	turtle.right(tree_angle)
第6步：回到原点，完成	turtle.backward(tree_length)

以上是海龟绘制分形树的递归函数构造过程。在调用递归函数前，还需要为海龟做好绘制前的准备工作。海龟初始位置在画布的 (0,0) 点，方向向右。需要将海龟移动到左上方调用 write() 函数书写标题"美丽的分形树"，然后使海龟回到原点，左转90°（即向右转为向上），后退到画布底部，压下笔，设置好函数参数的值，调用递归函数，绘制分形树。

需要注意的是，如果在移动海龟过程中是不需要绘制线条的，则需要调用 penup() 函数来提起笔，到需要画线的时候再调用 pendown() 函数来压下笔。

完整的绘制"美丽的分形树"的程序如表2-45所示。

表 2-45　美丽的分形树源程序

```
import turtle
def draw_tree(tree_length,tree_size):
  #绘制分形树函数，先画右分支，后画左分支
  #tree_length 枝叶长度，每向上一节小 15
  #tree_size 枝叶粗细，每向上一节小 1

  tree_angle=20 # 枝叶分叉角度，设为 20
  tree_color='brown'
  if tree_length>=3: # 如果长度少于 3，不再画，这是递归的结束条件
    turtle.pensize(tree_size) # 设置树干大小
    if tree_length>30:# 枝叶长大于 30，认为是树干，树干部分为棕色
      tree_color='brown'
    else: # 枝叶长小于等于 30，可以当作树叶了，树叶部分为绿色
      tree_color='green'
    turtle.color(tree_color, tree_color)# 设置枝叶颜色
    # 根节点
    turtle.forward(tree_length) # 从下往上画树干
    # 右子树
    turtle.right(tree_angle) # 往右转，从树干转到右分支
    draw_tree(tree_length-15,tree_size-1) # 递归画右分支。每画一次长度少 15, 粗度少 1
    # 左子树
    turtle.left(tree_angle*2) # 往左转，从右分支转到左分支
    draw_tree(tree_length-15,tree_size-1) # 递归画左分支。每画一次长度少 15, 粗度少 1
    # 回溯
    turtle.right(tree_angle) # 往右转，从左分支转到树干
    turtle.penup() # 提起笔，避免重复画
    turtle.backward(tree_length) # 往回走，回溯到上一层
    turtle.pendown() # 按下笔，为下次画做准备

turtle.penup() # 提起笔
turtle.goto(-200,250) # 定位在画布左上角
turtle.write(" 美丽的分形树 ",font=(" 华文行楷 ",50)) # 书写标题
turtle.goto(0,0) # 回到原点
turtle.left(90) # 因为树是往上的，所以先把方向转左 90°
turtle.backward(300) # 把起点放到画布底部
turtle.pendown() # 压下笔
tree_length=120 # 设置最长树干为 120
tree_size=9 # 设置最粗树干为 9
draw_tree(tree_length,tree_size) # 调用递归函数，开始绘制分形树
```

● 项目实施

各小组根据项目选题及拟定的项目方案，参照上述实例分析，结合选择结构的相关知识，进一步完善该项目方案中的各项学习活动。

第六节　Python 与 EV3

Python 不仅可以依赖各种库，实现各种意想不到的创意，还能与各种机器人实体相结合，通过互联网或物联网通信实现跨平台控制机器人。本节我们将体验 Python 在乐高 MINDSTORMS EV3（如图 2-24 所示，以下简称 EV3）机器人中的应用。

为部署 Python 在 EV3 中的开发、运行环境，我们需要准备 EV3 套装、MicroSD 存储卡、读卡器、数据线等硬件设备，还需要一台装有 Windows 10 系统的计算机，具体装备如表 2-46 所示。如图 2-25 所示为 EV3 通过迷你 USB 线连接到计算机，实现在 EV3 上运行计算机开发的 Python 程序。

表 2-46　Python 在 EV3 中的开发环境

	装　备	说　明
硬件	LEGO MINDSTORMS EV3 套装	可到 LEGO 官网购买
	MicroSD 卡	容量为 4GB 到 32GB
	MicroSD 读卡器	用于安装系统到 SD 卡
	Mini-USB 数据线	用于计算机与 EV3 通信
软件	Visual Studio Code	简称 VS Code，从官网下载
	MicroPython	在 VS Code 中下载
	EV3 MicroPython image	即 EV3DEV，能在 EV3 中运行 Python 的操作系统
	Windows 或 Mac OS	官网推荐使用 Windows 10

图 2-24　EV3 套装

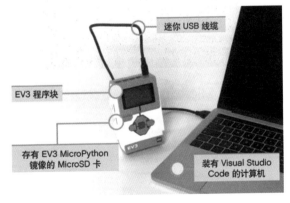

图 2-25　EV3 与计算机连接

一、VS Code 开发环境

Visual Studio Code 简称 VS Code，是微软公司研发的代码编辑器。它是乐高官方推荐编写 Python 程序的集成开发环境，对 EV3 的硬件支持非常良好。

1. 安装 VS Code

到微软官网下载 VS Code，在装有 Windows 10 的计算机系统里按照提示安装好。如图 2-26 所示，打开 VS Code 软件，单击左边栏的"扩展"按钮，然后输入"Chinese"查找简体中文汉化版，找到后，单击 Install 按钮安装。安装完毕后重启，VS Code 软件就非常亲切地使用中文显示了。

图 2-26　VS Code 汉化过程

2. 安装 MicroPython

MicroPython 是 Python 3 语言的精简实现，包括 Python 标准库的一部分，可在微控制器和受限环境中运行，它是能直接在 EV3 上运行的官方指定语言。MicroPython 也是 VS Code 里的一个扩展，可以直接在 VS Code 里搜索出来后安装。如图 2-27 所示，先单击"扩展"按钮，然后输入"EV3 MicroPython"，找到前面带有 LEGO 标记的条目后，单击 Install 按钮，安装。

安装完毕，在左侧的按钮栏出现 MicroPython 编程入口图标 ⬡，如图 2-28 所示。

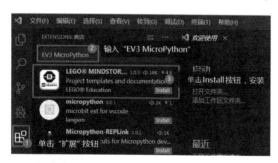

图 2-27　MicroPython 的安装过程

图 2-28　MicroPython 编程入口

二、重装 EV3 操作系统

1. 乐高机器人 EV3

如图 2-29 所示，乐高的 EV3 是一块"智能"积木（brick），无须使用计算机，即可实现自编程。主控板处理器是基于 Linux 的操作系统，兼容 Android（安卓）、iOS 等移动设备通信，内置 16MB 的 ROM 和 64MB 的 RAM。如表 2-47 所示，EV3 包括最大支持 32GB 卡扩展的 SD 卡插槽、一个标准 USB 接口、一个 Mini USB 接口、4 个输入端口、4 个输出端口、一块可以修改程序的黑白屏幕和 6 个功能键。此外，EV3 还能通过 USB 线、Wi-Fi、蓝牙等方式与外界通信。

图 2-29　EV3 的"智能"积木 Brick

表 2-47　EV3 的外观

外　观	个　数	说　明
输入接口	4	在 EV3 的后方，信号的输入，一般接传感器
输出接口	4	在 EV3 的前方，信号的输出，一般接马达等输出设备
USB 接口	1	在 EV3 的左侧，可以连接 U 盘等设备
Mini USB 接口	1	在 EV3 的前方，通过数据线连接电脑
SD 卡槽	1	在 EV3 的左侧，放 SD 卡用
屏幕	1	在 EV3 的正面，黑白屏幕
按键	6	在 EV3 的正面，左上方按键为返回键，中间深灰色按键为确认键，其余四个为上、下、左、右方向键

2. 重装 EV3 操作系统

EV3 的默认操作系统不支持 Python 程序的运行，我们通过在 SD 卡上烧制 EV3 MicroPython microSD 镜像，使 EV3 开机就进入 EV3DEV 系统，从而实现在 EV3 上运行 Python 程序。因此，我们需要重装 EV3 的操作系统。

从官网下载 EV3 MicroPython microSD 镜像（约 360MB）和 U 盘镜像烧录软件 Etcher

（约 120MB），如图 2-30 所示，解压后双击打开软件 Etcher，将一张容量介于 4GB 和 32GB 的 SD 卡插到读卡器上，通过 USB 接口连接到 Windows 系统。单击 Select Image，导入 EV3 MicroPython microSD 镜像，单击 Select target，找到插入的 SD 卡所在的盘符，单击 Flash，几分钟后，EV3DEV 系统就被烧录到 SD 卡里了。

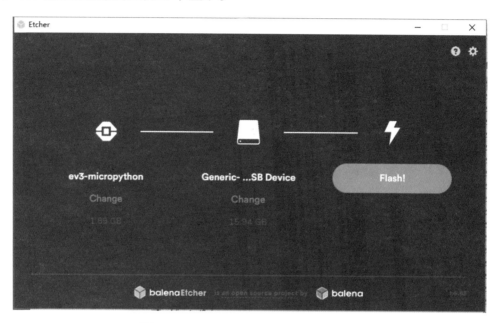

图 2-30　EV3DEV 系统的烧录过程

将烧录好的 SD 卡插到 EV3 机器人卡槽里，接通电源，按机器人深灰色的确认按键，等待几分钟，EV3 会自动进入刚才烧录好的 EV3DEV 系统里。

3. 浏览 EV3DEV 操作系统

如图 2-31 所示，这是 EV3DEV 系统的主界面。开机进入系统后，屏幕上方有连接到网络的 IP 地址（如已连接）和电池的电压，下方有 File Browser、Device Browser、Wireless and Networks、Battery、Open Roberta Lab、About 等菜单。

如图 2-32 所示，File Browser 菜单存储所有下载到机器人的工程文件，每个工程文件包括能执行的 *.py 和运行时需要用到的资源文件。机器人里有 "handControl" "my" "myrobot" 等工程文件，进入某个工程文件后找到 main.py，按深灰色的确认键就可以运行程序了。程序如果刚下载完，会自动运行。

如图 2-33 所示，Device Browser 菜单是机器人设备浏览器，在菜单里可以设置机器人的端口、马达、传感器的参数，能使机器人不需要通过电脑编程就能改变运行状态。

如图 2-34 所示，Wireless and Networks 菜单用于机器人通信方式的选择，包括有蓝牙连接、WiFi 连接、有线连接等，如连接成功会显示 "Connected" 状态。

如图 2-35 所示，通过 Battery 菜单可以查看当前电池的情况。机器人运行时特别要关注电池的电压，电压过低会导致机器人工作不正常。

如图 2-36 所示，About 菜单用于显示当前系统的版本等信息。

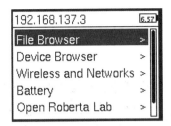

图 2-31　EV3DEV 的主界面

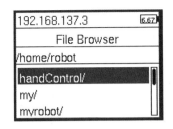

图 2-32　File Browser 菜单

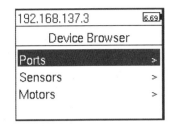

图 2-33　Device Browser 菜单

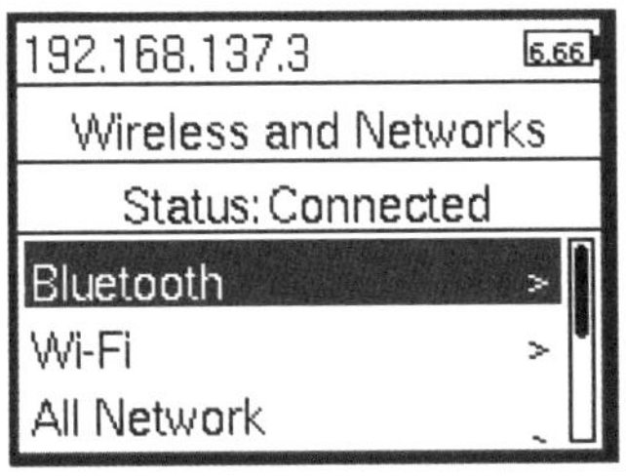

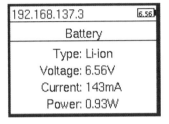

图 2-34　Wireless and Networks 菜单

图 2-35　Battery 菜单

图 2-36　About 菜单

创客教育系列丛书　初中第一册

三、机器人读《三字经》

假设我们已经利用百度的 AipSpeech 库将《三字经》文本格式转换成 WAV 格式的音频文件，现在需要编写程序让机器人读《三字经》。

1. VS Code 与 EV3 协同工作

为使编写的程序能随时在机器人上调试运行，在编写程序前必须让 EV3 机器人连接上 VS Code，协同工作。如图 2-37 所示，先单击扩展面板的 MicroPython 按钮，然后单击 Create a new project，在输入框中输入工程名如 robotRead，选择保存的文件夹，VS Code 会生成一项工程文件，如图 2-38 所示，工程文件里面包括程序的主入口文件 mian.py 和运行时需要的各种配置文件，我们只需在 main.py 文件里编写程序。

图 2-37　创建工程文件

图 2-38　工程文件中的 main.py

如图 2-39 所示，单击左上角的"资源管理器"，找到"EV3DEV 设备浏览器"后单击，如图 2-40 所示，在代码编辑框上方选中"ev3dev"条目。连接成功后，会在"EV3DEV 设备浏览器"里看到"ev3dev"设备，前面的绿色小圆圈▇表示已经连接成功。双击工程文件中的 main.py，进入工程的主程序，就可以开始 MicroPython 之旅了。

图 2-39　连接 EV3

图 2-40　选择 ev3dev

机器人要读《三字经》，需要用到 EV3 里的声音模块。MicroPython 对 EV3 声音进行操作的函数有三个：sound.beep()，sound.beeps()，sound.file()，函数各参数如下：

sound.beep(frequency=500,duration=100,volume=30)，播放一段哔哔声 / 调子。

- frequency(frequency:Hz)——哔哔声频率（默认值：500）。
- duration(time: ms)——哔哔声持续时间（默认值：100）。
- volume(percentage: %)——哔哔声音量（默认值：30）。

sound.beeps(number)，播放一些默认的哔哔声，中间会有短暂暂停。

number(int)——哔哔声数量。

sound.file(file_name,volume=100)，播放声音文件。

- file_name(str)——声音文件路径，包括扩展名。
- volume(percentage: %)——音量（默认值：100）。

2. 程序的构建与运行

双击打开 main.py 文件后，VS Code 已经把 EV3 用到的模块全部导入进来了，包括 EV3 中的马达模块、触碰传感器、颜色传感器、超声波传感器、红外传感器、陀螺仪、端口、声音、图像、按钮、延时等。

我们已经在项目文件夹下存放有《三字经》的音频文件 sanzijing.wav，根据声音模块各函数的调用意义，我们选择 sound.file() 以文件形式导入音频即可。如表 2-48 所示，是机器人读《三字经》的源程序。

表 2-48　机器人读《三字经》源程序

```
#!/usr/bin/env pybricks-micropython
from pybricks import ev3brick as brick
from pybricks.ev3devices import (Motor, TouchSensor, ColorSensor,
                                 InfraredSensor, UltrasonicSensor, GyroSensor)
from pybricks.parameters import (Port, Stop, Direction, Button, Color,
                                 SoundFile, ImageFile, Align)
from pybricks.tools import print, wait, StopWatch
from pybricks.robotics import DriveBase

# Write your program here
brick.sound.file('sanzijing.wav')
```

程序编写完毕，只要按 F5 键，VS Code 会编译程序。如果程序没有错误，会自动下载到 EV3DEV 系统中，机器人会自动运行程序，这时候你将会听到机器人读《三字经》。

● 探究活动

● 实践

本节中的《三字经》音频文件是通过百度的人工智能 AipSpeech 库将文本文件转换成音频文件，请上网搜索资料，探究转换过程，尝试利用 Python 编写转换的程序，并让机器人播放你转换出来的《三字经》音频文件。

● 项目实施

各小组根据项目选题及拟定的项目方案，参照上述分析，结合本节所学知识，进一步完善该项目方案中各项学习活动，并参照项目范例的样式，撰写相应的项目成果报告。

第七节　程序作品创作

程序作品的创作需要经过确定主题、提出方案、设计程序、调试运行等步骤，最后以交流分享的形式展评自己的作品。本节以人工智能中经常用到的文字识别技术为例，说明程序作品的创作过程。

一、确定主题

作品创作往往源于生活，服务于生活，作品主题就是创客以日常经验为基础在某个时刻突然迸发的灵感。作为创客的我们只要抓住这个灵感，结合自己的亲身实践，使用科学的方法构思，就能提炼出有创意的作品主题。

如今碎片化时间利用得越来越充分，闲暇时光我们常常会戴着耳机听故事、听新闻，把眼睛解放出来，闭目养神，享受美好时光。基于此，我们可以将枯燥的文字变成跳动的音符，使用 Python 创作出一个能识别文字的朗读机，将文字转换为语音，帮助我们碎片化阅读，因此，我们可以把作品主题命名为"语音新闻"。

二、提出方案

作品主题确定后，就要提出解决问题的方案。方案可分为框架方案和细化方案。顾名思义，框架方案就是一个粗糙的框架，在主题的驱动下确定好作品的方向、创作的大致步骤等。细化方案就是在框架方案下具体地细化，用到的技术、创作的流程、作品的具体功能等都应该在这个方案中体现，并细化到我们可以使用既有的技术就能创作出来。

"语音新闻"项目中，我们需要将框架方案模块化为：输入→处理→输出。在输入阶段，我们考虑文本的来源；在处理阶段，我们考虑用哪些技术来进行文字识别；在输出阶段，我们考虑用什么样的方式呈现给用户。我们将三阶段进一步细化后如图2-41所示。

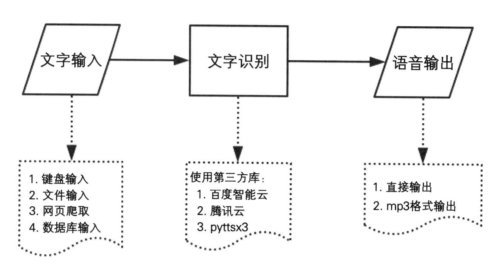

图2-41 "语音新闻"的设计方案

在文字输入阶段，文字的输入要数键盘输入最简单，但在实际使用中不方便，可以在测试阶段使用；文件输入能实现大批量输入，但更新慢，不适宜作为新闻的来源；网页爬取是基于别人的数据更新的，只要找一个权威的网站，里面的新闻必定会第一时间更新，这就保证了新闻的时效性和真实性；数据库输入跟文件输入差不多，但数据库保存的信息更安全。综上，我们可以使用网页爬取的方式作为文字输入的最佳方式。

在文字识别阶段，识别文字的技术主要依靠第三方库提供，这也包括两种方式。一种是传统的在机器上安装库，尽管断网，也能正常使用，如pyttsx3库；另外一种是依赖网络提供接口，远程调用第三方提供的库，如百度智能云和腾讯云等。

在语音输出阶段，可以使用即时输出和文件输出两种方式。如果用户的需求是即时的，则需要即时输出，否则可以使用文件输出。文件输出可以永久保存，但不利于调试程序。

作为一个实用的"语音新闻"文字识别项目，最佳的选择是通过网页爬取获取数据，交给百度智能云（或腾讯云）进行文字识别，最后即时播报给用户。

但考虑到项目的难度，让同学们轻松地体验人工智能程序设计的乐趣，本节通过键盘输入获取数据，通过pyttsx3库的调用进行文字识别，即时语音播报新闻信息。

三、设计程序

方案设计后，就进入了"语音新闻"程序设计阶段。因为pyttsx3是属于第三方库，使用第四节提到的方式安装：pip install pyttsx3，这样就能正常使用。程序步骤如下：

（1）导入pyttsx3库；

（2）获取用户输入文本；

（3）初始化 pyttsx3 库后，生成一个对象；

（4）调用 say()；

（5）等待语音播放，直到完成。

表 2-49 所示为"语音新闻"项目源程序。

表 2-49　"语音新闻"项目源程序

```
# 程序
import pyttsx3
txt=input(" 请输入要转换成语音的文字：")
voice=pyttsx3.init()
voice.say(txt)
voice.runAndWait()
```

四、调试运行

程序完成后，按 F5 键保存并运行程序，如果没有语法错误，"语音新闻"程序就会运行起来了。运行过程中，还要检查程序是否有运行时错误和逻辑错误，更重要的是检查程序是否按照我们设计的方案工作。

程序中，明显存在着一个不合理的地方：程序只能播报一次。这跟我们的使用习惯有差异，需要改进程序。我们可以不断检测用户的输入：在语音播报完毕后，再次向用户请求数据，如果用户不输入数据了，则认为用户退出程序。我们改进后的程序如表 2-50 所示。

表 2-50　改进的"语音新闻"项目源程序

```
# 程序
import pyttsx3
txt=input(" 请输入要转换成语音的文字：")
while txt!=' ':
    voice=pyttsx3.init()
    voice.say(txt)
    voice.runAndWait()
    txt=input(" 请输入要转换成语音的文字：")
```

五、交流分享

作品完成后，我们互相点评，互相交流创意点子，互相展评作品，互相分享在创作过程中的得与失，体验创作成功的快乐。

一个成熟的作品是要经过无数次的修改过程的。收集到改进意见后，就要进一步改良作品，

使作品日臻完善。如"语音新闻"要如何改进才能真正播报新闻呢？可从以下两方面入手：

（1）进一步学习 Python，学会网络爬虫，爬取网上有价值的信息，比如把最新的新闻抓取下来；

（2）使用百度智能云人工智能接口，不仅可以模仿男声、女声，还可以模仿近场声音和远场声音等。

探究活动

实践

利用海龟库编程设计一个动画场景。

项目实施

各小组根据项目选题及拟定的项目方案，参照上述分析，结合本节所学知识，进一步完善该项目方案中各项学习活动，并参照项目范例的样式，撰写相应的项目成果报告。

成果交流

各小组运用数字可视化工具，将所完成的项目成果，在小组和全班中，或在网络上进行展示与交流。

活动评价

各小组根据项目选题、拟定的项目方案、实施情况以及所形成的项目成果，根据本书附录的"项目活动评价表"，开展项目学习活动评价。

本章扼要回顾

同学们，请通过对本章内容的学习，根据"创意编程"的知识结构图（见图 2-42），扼要回顾、总结、归纳所学过的内容，建立自己的知识结构体系。

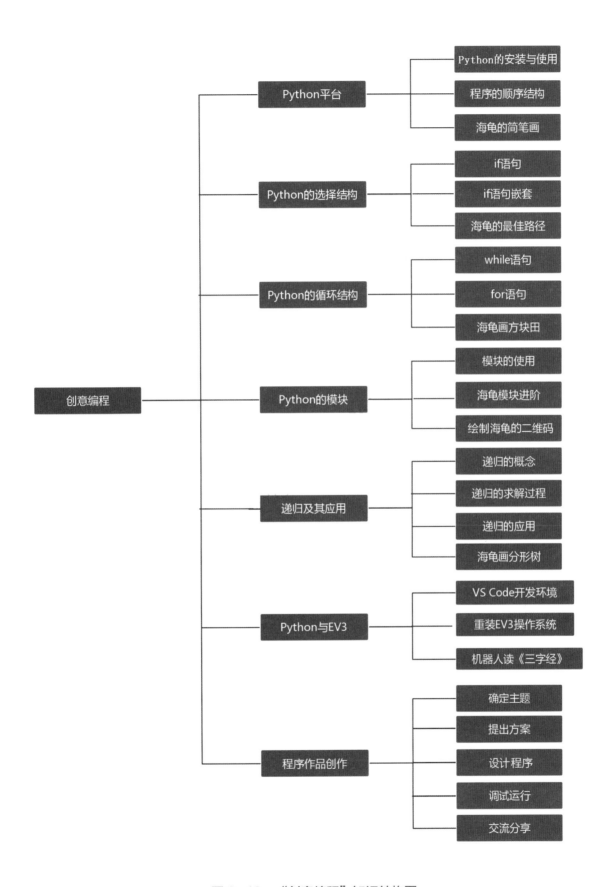

创客教育系列丛书 初中第一册

图 2-42　"创意编程"知识结构图

电脑创作

回顾与总结

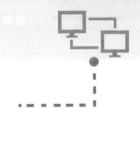

第三章

人工智能

人工智能是目前计算机领域一个热门的话题，也是未来一段时间内计算机科学的一个重要研究方向。该领域的研究成果，将对人类的生活产生巨大的影响。虽然目前人工智能的研究还是在发展阶段，人工智能的成果还没有广泛地深入人们的生活，而且人工智能领域涉及一些复杂的数学知识，但是对于初中生来说，了解人工智能的基本知识，开阔自己的眼界，非常有利于将来的学习和发展。

目前人工智能的发展，可以在特定的方面如语音识别、图像识别等方面，使计算机像人那样感知和思考。但通用的人工智能即能够自主学习、自动思考、自带情感的技术还没有实现，人工智能中涉及的技术也比较复杂，所以在人工智能领域，还有很多研究工作需要开展。

在本章中，同学们将通过阅读和思考，简单了解人工智能的相关基本知识，通过使用编程软件进行人工智能的简单编程活动，体验简单的人工智能应用，学习人工智能的知识。

项目范例：智能垃圾分类装置

● **情境**

垃圾分类是应对城市垃圾围城的解决方案，通过垃圾分类，把部分垃圾进行回收利用，部分进行焚烧处理，实现垃圾的减量。垃圾分类需要每个公民积极参与，在日常生活中做好垃圾分类。但垃圾分类也是一个比较困难的工作，要让大多数公民养成分类习惯更是困难。如果能制作一个智能垃圾分类装置，那就能大大减少垃圾分类的工作量。

● **主题**

智能垃圾分类装置

● **规划**

（1）学习和了解人工智能的相关知识。

（2）学习利用开发平台编写人工智能应用的程序。

（3）制作通过 Arduino 控制的垃圾分类装置。

● **探究**

根据项目规划的安排，进行相关的探究活动，完成垃圾分类装置的制作。

（1）分析垃圾分类中的人工智能知识。

（2）学习在 Kitten block 中如何编写程序，应用人工智能知识。

（3）通过 Kitten block 来完成智能垃圾分类程序的编写。

● **实施**

（1）学习计算机通过摄像头获取图像信息的存储方法。

（2）学习从图像信息中识别出物品种类的方法。

（3）学习通过计算机程序控制 Arduino 装置的方法。

● **成果**

（1）人工智能相关的知识笔记。

（2）可通过摄像头对垃圾进行识别并进行分类的装置。

● **评价**

根据本书附录的"项目活动评价表"对项目范例的学习过程和学习成果，在小组和全班中或在网络上开展交流，进行自评和互评。

创客教育系列丛书 初中第一册

● 项目选题

请同学们以 3~6 人组成一个小组，选择下面一个参考主题，或者自拟一个自己感兴趣的主题，开展一个项目学习：

(1) 通过语音命令，控制风扇的开关；

(2) 通过摄像头和手势，控制风扇的开关；

(3) 通过摄像头和手势，控制台灯的开关。

● 项目规划

各小组根据本组的项目选题，参照项目范例的样式，利用思维导图工具，制定相应的项目方案。

● 方案交流

各小组将完成的方案在全班中进行展示交流，师生共同探讨、完善相应的项目方案。

第一节　认识人工智能

人是智慧生物，人具有各种各样的智能，人能够看到、听到各种信息，能对这些信息做出理解和分析，并根据信息和分析结果来指导自己的行为。但近年来智能越来越多地出现在机器上面，智能音箱、智能空调、智能电视、智能手机……这些机器上实现的智能和人的智能有区别吗？机器是如何智能化的？

一、关于人工智能

1. 了解人工智能

计算机在硬件和程序的配合下，能够自动完成各种任务，计算机是智能设备。利用计算机解决问题，是通过针对任务设计不同的命令执行流程即程序，计算机自动执行。

计算机最基本的工作过程是自动执行指令，以及完成数学运算。因此利用计算机解决问题的主要的思路是把任务分解成若干步骤，每一步骤抽象为一个数学计算问题，利用计算机高速精确运行的能力快速地完成多步的计算。图 3-1 所示为计算思维。

人工智能，英文缩写为 AI。它是研究、开发用于模拟、延伸和扩展人的智能的理论、方法、技术及应用系统的一门新的技术科学。

人工智能是计算机科学的一个分支，它企图了解智能的实质，并生产出一种新的能以与人类智能相似的方式做出反应的智能机器。该领域的研究包括机器人、语言识别、图像识别、自然语言处理和专家系统等。

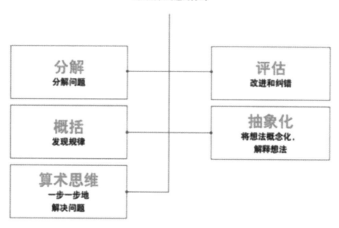

图 3-1　计算思维

　　人工智能从诞生以来，理论和技术日益成熟，应用领域也不断扩大，可以设想，未来人工智能带来的科技产品，将会是人类智慧的"容器"。人工智能可以对人的意识、思维的信息过程进行模拟。人工智能不是人的智能，但能像人那样思考，在某些特定的领域也可能超过人的智能。

2. 人工智能的发展历程

　　1946 年，全球第一台通用计算机 ENIAC 诞生，为人工智能的研究提供了物质基础。

　　1950 年，艾伦·图灵提出"图灵测试"。如果电脑能在 5 分钟内回答由人类测试者提出的一系列问题，且其超过 30% 的回答让测试者误认为是人类所答，则通过测试，如图 3-2 所示。这篇论文预言了创造出具有真正智能的机器的可能性。

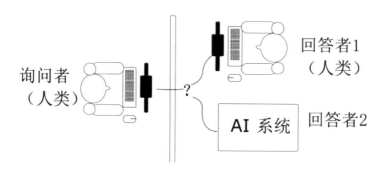

图 3-2　图灵测试图示

　　1956 年，"人工智能"概念首次提出。

　　1964 年，首台聊天机器人诞生，实现了计算机与人通过文本来交流。这是人工智能研究的一个重要方面。不过，它只是用符合语法的方式将问题复述一遍。

　　1965 年，专家系统首次亮相。它能够分析实验数据来判断未知化合物的分子结构。

　　1968 年，首台人工智能机器人诞生。这种机器人拥有类似人的感觉，如触觉、听觉等。

创客教育系列丛书

初中第一册

1970 年，能够分析语义、理解语言的系统诞生。由于它能够正确理解语言，被视为人工智能研究的一次巨大成功。

1976年，专家系统广泛使用。这一时期陆续研制出了用于医疗咨询系统、生产制造、财务会计、金融等各领域的专家系统，如图 3-3 所示。

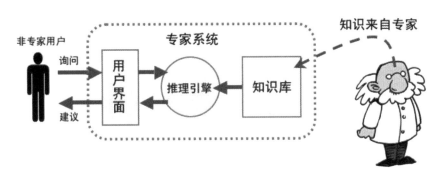

图 3-3　专家系统

1981 年，第五代计算机项目研发，目标是制造出能够与人对话、翻译语言、解释图像，并能像人一样推理的机器。

1984 年，大百科全书（Cyc）项目。它的目标是让人工智能的应用能够以类似人类推理的方式工作，成为人工智能领域的一个全新研发方向。

1997 年，名为"深蓝"的计算机战胜国际象棋世界冠军。

2011 年，IBM 开发的人工智能程序"沃森"参加了一档智力问答节目并战胜了两位人类冠军。

2012 年，Google 无人驾驶汽车上路，利用照相机、雷达和激光雷达获取环境信息，车辆可以自行做出驾驶判断。国内的百度等公司也在无人驾驶技术上有深入的研究。

2016—2017 年，AlphaGo 战胜围棋冠军。AlphaGo 是由 Google DeepMind 开发的人工智能围棋程序，具有自我学习能力，如图 3-4 所示。

图 3-4　围棋程序 AlphaGo

2017 年，深度学习大热。AlphaGoZero（第四代 AlphaGo）在无任何数据输入的情况下，开始自学围棋 3 天后便以 100 ∶ 0 横扫了第二个版本的"旧狗"，学习 40 天后又战胜了在人类高手看来不可企及的第三个版本"大师"。

3. 图灵测试

图灵是英国数学家、逻辑学家，被称为计算机科学之父、人工智能之父。图灵提出了一种测试机器是否具备人类智能的方法。即假设有一台电脑，其运算速度非常快，记忆容量和逻辑单元的数目也超过了人脑，而且还为这台电脑编写了许多智能化的程序，并提供了和人类记忆类似的大量数据，那么，是否就能说这台机器具有思维能力？

图灵肯定机器是可以思维的，他还对智能问题从行为主义的角度给出了定义，由此提出一个假想：一个人在不接触对方的情况下，通过一种特殊的方式，和对方进行一系列的问答，如果在相当长时间内，他无法根据这些问题判断对方是人还是计算机，那么，就可以认为这个计算机具有同人相当的智力，即这台计算机是能思维的。这就是著名的"图灵测试"。当时全世界只有几台计算机，几乎所有计算机根本无法通过这一测试。

图灵预言，在 20 世纪末，一定会有电脑通过"图灵测试"。2014 年 6 月 7 日在英国皇家学会举行的"2014 图灵测试"大会上，举办方英国雷丁大学发布新闻稿，宣称俄罗斯人弗拉基米尔·维西罗夫创立的人工智能软件尤金·古斯特曼通过了图灵测试。虽然"尤金"软件还远不能"思考"，但也是人工智能乃至于计算机史上的一个标志性事件。

4. 目前人工智能的主要研究内容

1）计算机视觉

计算机视觉是计算机能从图像中获取有用的信息，代替人眼对目标进行识别、跟踪、测量等。就是要让计算机看得到、看得懂、认得出。比如人脸识别门禁，机器能够识别进出人员的长相特征，进而识别出他的身份，区分不同的人。图 3-5 所示为人脸识别闸机。

图 3-5　人脸识别闸机

2）自然语言处理

自然语言是指人类在自然交流过程中的语言，自然语言处理就是探讨如何让计算机能够理解和生成人类的语言，包括我们常用的语音助手、机器翻译、语音合成等。

3）各种决策系统

棋牌、城市交通规划、商业收益与库存管理、金融交易、无人驾驶等领域，经常需要根据很多的数据和知识进行综合分析形成决策。图 3-6 所示为无人驾驶概念车。

图 3-6　无人驾驶概念车

4）机器人

机器人是具有机器感知和决策能力，以及能够执行各种复杂行为的机器。

二、生活中的人工智能

1. 智能音箱和智能摄像头

智能音箱是人工智能在生活中的应用之一，它主要采用了人工智能中的语音识别、语义分析、专家系统等技术。通过语音识别把人的语音指令转化为文本，再通过语义分析找出其中的主要关键词，并利用专家系统等方式找到要回答的内容或者执行的动作。图 3-7 所示为两个常见的智能音箱。

图 3-7　智能音箱

智能摄像头，除了能够通过视频方式获取图像信息，还能够对图像中的信息进行智能识别，如车牌识别、人脸检测、人活动检测等。

2. 智能手机

越来越多的新手机，都宣称附带了人工智能处理器或者人工智能处理模块。手机上的人工智能芯片和普通的处理器有什么区别？

人工智能的任务，最大的特点是需要大量的运算，而且在算法的组织下，处理器需要做很多相似的但运算次数非常多的计算。如语音识别、图像识别等任务，是手机经常要用到的。

传统的处理器处理这种任务时，不能同时进行大量的计算，速度主要受限于处理器的频率，效率低。人工智能处理器里采用大量的并行处理器，可以同时处理大量的计算。

华为最新的麒麟990芯片，内置了一个人工智能处理器，最快可以实现每秒识别4500张图片。图3-8所示为华为麒麟990芯片的一面。

图 3-8 华为麒麟 990 芯片

● 探究活动

● 讨论

（1）个人计算机可以用每秒上百亿次的速度计算，比人快多了，为什么智能不如人类？

（2）计算机像人一样思考，难在哪里？

● 体验

（1）通过语音合成软件，朗读一段文字，比较和人朗读的差异。

（2）通过几种语音识别软件，说一段话，看看识别的准确性。

（3）在微信小程序中搜索"讯飞AI体验栈"，体验语音输入、计算机视觉等功能，如图3-9所示。

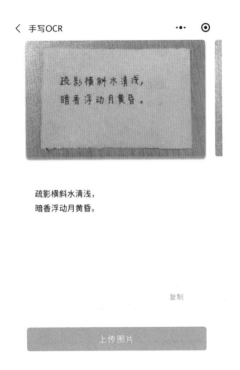

图 3-9 微信小程序：讯飞 AI 体验栈中的手写识别

● **项目实施**

分析你的作品中，需要用到人工智能的部分是哪些？通过什么方式实现？

第二节 机 器 感 知

人通过五官感知周围世界，其中大部分信息是通过耳朵和眼睛获得的。

计算机通过各种传感器，可以感知周围环境中的信息。如用温度传感器可能获得某个位置某个时刻的温度，通过光照传感器可以获取某个位置某个时刻的光照强度等信息。这些传感器是环境数据按某个规范转换为数字数据，传输到计算机进行存储和处理。计算机可以通过获得的数据，执行相应的程序指令。如智能路灯根据环境光照强度，判断是不是晚上，从而执行亮灯或熄灯的指令。

当给计算机装上话筒和摄像头等设备，计算机也具备了获取声音和图像信息的能力。

一、机器听

1. 声音的数字化和存储

声音的本质是物体的振动。振动的频率和幅度影响声音的效果。记录声音，就是把声音变

化的情况记录下来。

用黑胶唱片记录声音，就是把声音振动的过程转化为胶片上沟槽的深度变化。用磁带记录声音就是用磁场的强度变化记录声音强度的变化。

计算机中的声音，是数字化后的数据。把声音数字化的方法是采样。简单来说就是每隔一段固定的时间，记录下声音波形的幅度（数值），如图 3-10、图 3-11 所示。最后得到一组数字。固定的时间间隔，由采样的频率决定。如 CD 音质的音频，通常用 44.1kHz 的频率采样，即每秒记录 441 000 个幅度数值。

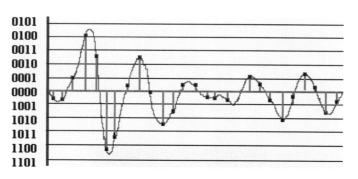

图 3-10 声音的采样

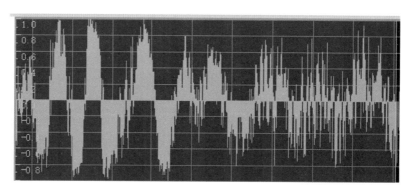

（a）0.1 秒长度的声音波形

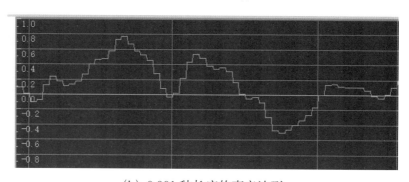

（b）0.001 秒长度的声音波形

图 3-11 数字化的声音波形

2. 语音识别

直接保存的语音文件，是一串代表声音波形的数字，如图 3-12 所示。这些数字中，可能含有讲话、音乐等，但计算机无法直接从数字中得到，需要对这串数字进行复杂的计算分析。

```
f0 fb 02 fe 55 01 26 05 6f 08 50 0a 55 0a f5 08
56 07 38 06 93 05 46 05 60 05 c5 05 48 06 09 07
2e 08 8f 09 fa 0a 7a 0c 0c 0e 81 0f 98 10 f2 10
35 10 85 0e 9e 0c 29 0b 38 0a 6f 09 49 08 5a 06
c6 03 5d 01 f2 ff d6 ff f5 00 e2 02 c6 04 d2 05
e3 05 74 05 02 05 be 04 93 04 38 04 71 03 74 02
ce 01 db 01 87 02 83 03 8b 04 97 05 e0 06 7a 08
e9 09 71 0a d7 09 94 08 5d 07 a4 06 7a 06 7d 06
14 06 f4 04 68 03 02 02 21 01 d1 00 d2 00 bf 00
67 00 11 00 22 00 92 00 e0 00 89 00 52 ff 60 fd
35 fb 5f f9 08 f8 07 f7 30 f6 50 f5 1b f4 7e f2
e9 f0 f1 ef e8 ef c1 f0 26 f2 90 f3 ad f4 ac f5
```

图 3-12　计算机中声音文件的十六进制数字

语音识别技术就是让机器通过识别和理解过程把语音信号转变为相应的文本或命令的技术。语音识别技术主要包括特征提取技术、模式匹配准则及模型训练技术三个方面。国内的科大讯飞、百度等公司，研究出了语音识别算法，推出了语音识别程序。也推出了可以通过程序调用的开发库，可以在开发语音应用时调用该库来完成语音识别工作。

● **探究活动**

● **实践**

在 Kittenblock 软件中，通过"百度大脑"体验语音识别（见图 3-13）。

实验步骤如下：

（1）添加"百度大脑"组件。

（2）通过拖动的方式编写如图 3-13 中所示的程序。

（3）单击旗子开始运行程序。

注意要在电脑上插入话筒，设置为默认录音设备，并调整到合适的音量。

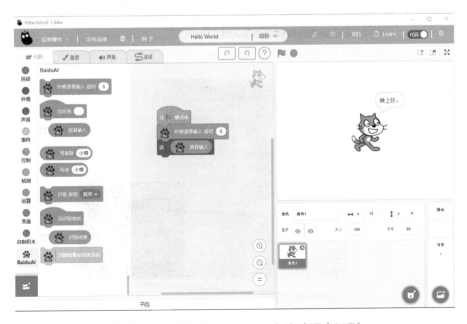

图 3-13　在 Kittenblock 中体验语音识别

二、机器看

1. 图像的数字化和存储

图像是把影像投射到一个平面上的每个点的色彩和亮度的记录。数字化的图像是把平面分割成若干个方格，每个方格记录一种色彩和亮度，并用代表 R、G、B 三个分量大小的数值来表示。每个方格的大小影响图像的精度，以及最后生成图像的数据的大小。

示例：在 Photoshop 中把图 3-14（a）图中的帆船图片放大，可以看到图片由很多颜色不同的方格组成。打开"信息面板"，在方格上移动鼠标指针，信息面板就会显示该位置像素的 RGB 信息，如图 3-14（b）所示。

（a）帆船图片

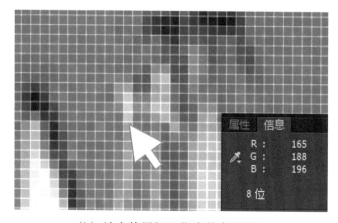

（b）放大的局部及像素的色彩数字

图 3-14　图像的数字化

动态图像或者视频，如利用摄像头获得的数字影像，是把一个变化的影像按固定的时间间隔，分成若干张静止的图像，因此动态的视频也是大量的代表各像素色彩的数据。由于视频的数据非常庞大，通常需要采用适当的压缩手段，减少数据量，再保存在计算机中。

2. 图像识别

计算机中的图像是一连串代表各个像素色彩的数字。要理解这些数字代表的物体的形状特征需要把各个像素的数字进行关联的分析，找出多个像素之间色彩变化的关联特征。这些特征往往是难以直接量化分析和存储的。图像识别就是通过对图像中代表像素的多个数字，通过复杂的计算，找到其中的共同特征，从而识别出物体的内容。

3. 示例：车牌识别的过程

车牌识别是图像识别中比较简单的，因为车牌中的文字都是固定字体，对比的数据比较小。只需要把车牌中的每个字符的图片取出来，调整到指定大小，和数据库中的所有字符的图片对比，找到相似度超过一定比例的图片，其对应的文字就是车牌中的文字。图 3-15 所示为车牌识别的流程。

图 3-15　车牌识别的流程

对于图像中存在的其他物体，比如说不同种类的动物，这些特征往往会不太明显，或者是比较相似。那么要人为地找出这些图像像素色彩中的关联特征不太容易。这需要另外的方法。

人脑在识别这些物体的时候，有复杂的神经元活动。人脑也不能够直接识别从来没有见过的动物，能识别出的物体，一定是在之前对它有一个学习认识的过程。

所以现在解决这种图像识别，最主流的方法是采取机器学习的方法，让计算机程序通过对大量已经标好的图片进行各种方式的计算——这称为"机器学习"，找出其中同类物体图像像素色彩的共同特征（通常也是一个或者多个数值代表）。最后根据学习过程中得到的经验来对一个图像中的物体进行识别。

探究活动

实践

在 Kittenblock 中，体验通过视频侦测功能，给摄像头中的人脸添加面具。

实验步骤如下：

(1) 在 Kittenblock 中，添加视频侦测模块。

(2) 用拖动的方式，按图 3-16 编写程序。

(3) 单击旗帜运行程序。

图 3-16　在 Kittenblock 中体验图像识别

当镜头开启时，画面出现在舞台，画面中的人脸上就会加上面具。而且随着头转动和移动位置，面具也会进行相应的转动和移动，如图 3-16 所示。

要完成此任务，计算机要能够找到图像中人脸五官的位置和朝向等数据，才能把面具放到合适的位置。

三、机器想

人通过学习和经验的积累，能够理解信息之间的关联，所以人在提到某个信息的时候，可以联想到与之相关联的信息，对于多个信息，人能够理解其中的关联。比如提到"姚明"这两个字，人会联想到篮球、两米多的身高等信息。或者在提到姚明和篮球的时候，知道姚明是一个著名的篮球运动员、姚明是篮协主席等关联。

对于计算机，要做到这一点的话，需要通过一定的方式存储信息之间的关联。二维关系表格（见表 3-1）可以简单地实现信息之间的联系。

二维表格只能实现信息之间的有限联系，实际应用中，每个信息关联的信息有多有少，信息之间的关联是一个非常复杂的结构，用普通的二维关系数据库比较难实现，人们发明了知识图谱这样一个方式来进行信息之间的关联。图 3-17 是一个知识图谱的示意图。

表 3-1　名人信息表

姓　名	职　业	身高（米）	职　位
姚明	篮球	2.26	篮协主席
邹市明	拳击	1.62	运动员
……			

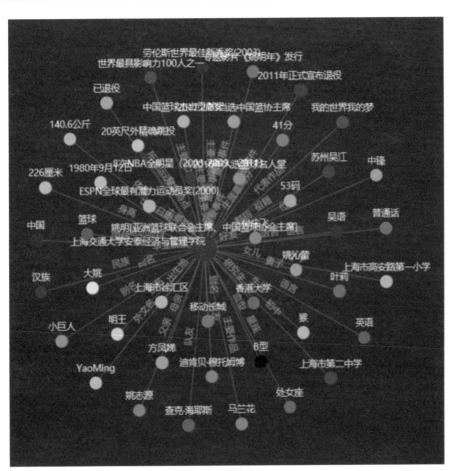

图 3-17　知识图谱

● 实验

通过在 Kittenblock 中完成物品的分类识别，体验机器感知。

Kittenblock 是基于 Scratch 3.0 的图形化的编程工具，软件中有人工智能相关的模块。本任务中用到的主要软件模块是"机器学习 5"，该模块内置了一些搭建并训练好的模型，可以直接调用。物品识别是基于图像识别的任务。本任务中，通过调用"DarkNet"这个模型，对舞台中出现的动物或者物品进行识别。该模型包含对大量物品图像进行训练的结果。

实验任务：看图识物。

用途：识别常见的物体 / 动物。

实验要求：①畅顺的网络；② Kittenblock 1.8.4i 以上版本。

实验步骤如下。

1. 加载插件

加载插件参见图 3-18。

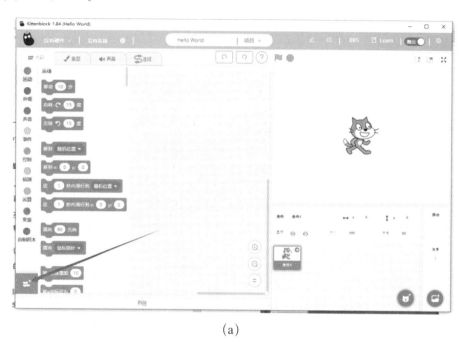

(a)

(b)　　　　　　　　　　　　　　　　　　(c)

图 3-18　加载插件

ml5 插件成功加载，同时也把文字翻译加载进来，如图 3-19 所示。

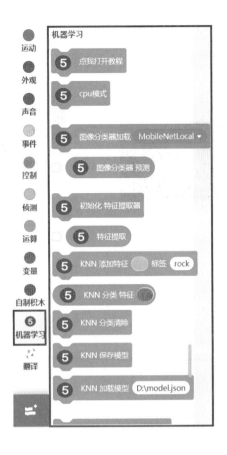

图 3-19　加载了插件的 Kittenblock

2. 编写程序

通过拖曳命令模块，在角色 1 上添加如图 3-20 所示的程序。

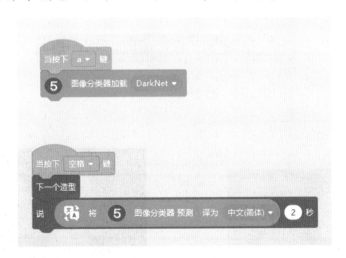

图 3-20　程序

在角色 1 的造型中，添加若干张从网上下载的动物或者物品图片。图片不要太大，320×240 左右，如图 3-21 所示。

图 3-21　物品分类程序

程序使用方法如下:

（1）按下键盘上的 A 键，加载 DarkNet（见图 3-22）。

图 3-22　运行程序

（2）按下键盘上的空格键，显示下一张图片，并且说出它的分类（见图 3-23、图 3-24）。

图 3-23　分类

图 3-24　给不同的图片分类

这个程序其实包含三步，第一步是用图像分类器预测（得到英文名称）；第二步是把英文翻译成中文；第三步是显示出来。

为何需要翻译插件？其实直接单击"图像分类器 预测"就会返回结果了。但是返回的结果是英文，为了方便大家看，所以加入翻译插件直接翻译成中文，如图3-25所示。

图3-25　翻译

如果还想识别其他物体，可以直接单击角色1，在造型面板导入更多的图片。识别物体的照片最好是无背景，或者白背景，照片尽量清晰，需要是现实生活的真实照片（卡通画、漫画不能正确识别）。

● 实践

下面一句话是用一段自编文字编写的，请理解其中的含义。

☯ ✗ ⌘ ♋ ♌ ♈ ⊕

你识别出的内容：

提示：你可以根据表3-2来识别这句话。

表3-2　字符表

符号	对应文字	符号	对应文字	符号	对应文字
✠	活	♋	是	ℯ	容
✡	天	♌	改	&	大
☪	地	♍	别	⌘	智
☯	人	♎	了	⊛	放
ॐ	今	♏	个	☙	者
⚛	明	♐	工	∞	内
♈	中	♑	体	∞	档
♉	变	♒	而	☋	能
♊	华	♓	生	♄	文

● 交流

（1）上述活动中，为了正确识别文字，做了哪些事？

（2）如果不能同时看到这两份材料，需要怎么样才能识别文字？

● 项目实施

分析，在你的作品中，需要获取的信息是什么？这个信息可以用简单的数据来表示和记录吗？

第三节 机器学习

从上一节的知识我们了解到，要让计算机像人一样处理信息，就是要让计算机不单单存储，处理海量的数据，还要能从存储的数据中，找到数据之间的联系或者一些表面看起来无序的多个数据中的关键特征。

一、人工智能的内容

人工智能的研究中，有很多方法去实现，包括专家系统、机器学习等。目前最热门的是机器学习和深度学习，它们的关系如图 3-26 所示。

图 3-26 人工智能、机器学习、深度学习的关系

1. 专家系统

专家系统是用人工方式把人类积累的知识之间的关系进行整理，获得一个确定的关系，用数据库或者知识图谱的方式，存储在计算机中。使用时根据具体的情况，获得一些关键词，通过关键词到系统搜索，得到关联的信息，进一步获得结果。

比如人们通过大量观察和计算，以及各种力学规律，知道行星的运行轨道。根据轨道数据，可以计算过去某个时间行星的位置，以及未来某个时候的位置。

例如，根据各种医学研究的结果，制作一个疾病诊断专家系统。把某个病人的症状和相关检查数据输入专家系统，系统根据专家系统的数据进行匹配，找到疾病的具体名称和对应的治疗方案。

2. 机器学习

专家系统是通过人力去建立信息之间的关联，需要整理专家获得的知识，适合特定的应用场合。

通过适当的算法，让计算机自己去找到并存储数据之间的联系，就是机器学习。

具体来说，就是编写一个特定的程序，让计算机对一些数据和它们的标定进行处理，找到所存储数据和标定之间的关联（通常体现为一系列的计算过程和计算结果）。最后对于未标定的数据，通过找到的关联，对数据进行同样的计算，根据计算结果得到关联的信息。

如有经某实验获得的两组数据，当 x={1,2,3,4,5} 时，y={2,4,6,8,10}，x 和 y 之间的关系并不清楚。那么如果想根据这两组数据来计算 x=6 时对应的 y 值，就需要对两组数据通过各种方式进行计算，找到最合适的计算公式 y=f(x)，最后通过公式计算 y=f(6)。

二、深度学习

深度学习是机器学习的一种，它也需要通过让计算机对大量的样本数据进行分析，找出数据之间的关联特征。但它不像普通的机器学习，需要人工去寻找样本的特征，而是通过搭建类似于人脑神经元那样的结构，通过对多组数据进行多层次的计算处理。图 3-27 所示为深度学习模型。

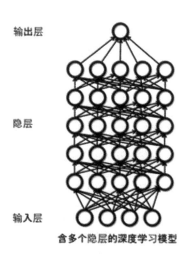

含多个隐层的深度学习模型

图 3-27　深度学习模型

把多份数据放到输入层，通过隐层对数据进行多层次的处理，每一层包含一种数据算法，其中对数据的处理由一些参数控制，这个参数影响处理的过程和结果，程序会根据结果调整参数，从而得到更合适的结果。

训练完成后，模型保存每层的参数和结果。

使用模型时，同样把数据放到输入层，模型根据训练好的参数对数据进行多层的处理，把最后的结果与模型里的数据进行对比，最匹配的就是处理的结果。

利用机器学习后得到的训练模型，来对数据进行处理，得到的结果并不一定是精确的结果。一般来说，数据的份数越多，算法越合理，训练次数越多，模型越精确。所以数据、算法和算

创客教育系列丛书　初中第一册

力是人工智能的三个要素。

卷积神经网络是目前热门的算法。谷歌公司利用基于神经网络算法开发的围棋对战机器人，首次打败了人类围棋世界冠军。

● **探究活动**

● **探究**

通过网络搜索专家系统、机器学习、深度学习等概念，了解相关的内容。这些知识可能涉及大量的难以理解的专业术语，请量力而行，不能理解的可以暂时放下。

● **实验**

让计算机通过机器学习，自动识别手势（剪刀、石头、布）。

在 Kittenblock 中，加载机器学习 5 和编写如图 3-28 所示的程序。

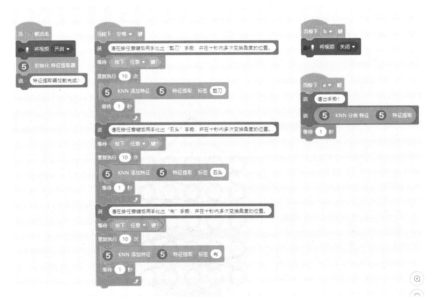

图 3-28　程序

实验过程如下。

1. 学习

单击旗帜 ，开启视频，加载 MobileNet，这个模型需要从网上下载，如图 3-29 所示。

图 3-29　加载模型

等提示加载完成后，单击第二堆方块，进行剪刀、石头、布等手势的采集，如图3-30、图3-31所示。

图 3-30　采集程序

（a）剪刀手势的采集

（b）石头手势的采集

（c）布手势的采集

图 3-31　三种手势的采集

有时候在录制手势过程中，不小心弄错，可以进行重置重来，否则错误的样本会导致错误的结果。

2. 应用

按键盘上的 A 键，就可以对应把出现在镜头里的手势识别出来。

对摄像头图像中的手势进行识别，也就是利用学习好的模型，预测一个新的数据经过模型计算后的结果。

● **项目实施**

根据你选择的主题，判断是否有需要通过机器学习完成的内容。

通过适当的方式收集数据，建立模型，进行模型训练。

第四节　人工智能的简单实现

要实现利用人工智能来解决生活中的典型问题，主要工作有两个：一是获取足够的数据，建立适当的模型进行学习训练，获得数据的关联规律；二是调用模型对实际应用中出现的数据进行运算，得到这个数据在训练中的规律下的实际结果，并把实际结果用具体的方式来呈现，如显示、播放，或者控制一个硬件来变成具体的机械动作。

一、学习

学习过程就是利用已经有的数据，在适当的模型基础上进行运算处理，根据结果对数据处理模型中的计算进行修正，最后得到更精确的模型的过程（见图3-32）。

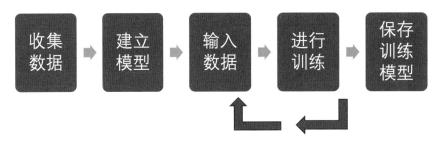

图 3-32　学习的过程

对一个具体的应用来说，学习过程并不是必备的，因为这个过程的要求比较高，包括数据的数量和质量、运算需要的算力和时间，以及更好的模型的建立。所以人工智能中，一些通用的训练，已经由一些大型公司完成了。如语音识别，国内科大讯飞、百度等公司已经通过学习过程，建立了好的模型，可以直接加载训练后的模型。

例如，如果你的作品中需要语音识别，你只需要在应用环节加载"百度大脑"插件，在程序中调用，程序会自动加载相应的语音识别模型。

但是，如果你的任务中，需要识别不同的动物的叫声，而找不到已经有的训练模型，可以自己建立和训练模型，让计算机识别声音来自哪个动物。

二、应用

这个环节，主要是把机器学习环节得到的模型，用来对从具体的应用场景中获取的数据进行处理，得到相应的结果，并且通过显示、声音播放或者机械装置的运动来输出结果（见

图 3-33）。

图 3-33 应用过程

如果你的作品需要通过一个机械装置来输出结果，比如打开垃圾筒、开启浇水等，可以利用 Arduino 等工具制作，把计算机中处理的结果，通过适当的转换，得到相应的控制命令，输出到这个装置中来执行。

● 探究活动

● 实践

制作一个简单的垃圾智能分类装置。

该装置的工作过程分为两部分：第一部分是通过机器学习，让计算机获得识别垃圾分类的能力；第二部分是对一个未知的垃圾，通过程序识别，得到相应的分类，并且显示相应的结果或者执行相应的分类操作（打开不同的垃圾桶等）。

从零开始搭建和训练一个模型，时间成本高，条件要求高。通过调用一个现存的物品分类模型，在模型上进一步训练，可以大大减少训练的时间。

本作品通过 KNN 模型，提取物品图像的特征，把特征归到一个垃圾分类中。

下面是垃圾智能分类装置的制作要点。

1. 垃圾分类的硬件装置

这个装置中，机器学习部分，只需要摄像头和计算机。而在分类应用中，需要一个 Arduino 控制的垃圾筒。

1）实验材料

实验材料具体如下：

（1）计算机；

（2）摄像头；

（3）Arduino Nano 控制器带扩展板；

（4）舵机；

（5）3D 设计和打印的分类垃圾筒；

（6）连接线；

（7）若干垃圾图像或者实物。

2）系统结构

系统结构，如图 3-34 所示。

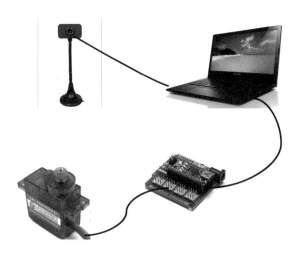

图 3-34 作品的基本结构

摄像头和计算机，计算机和 Arduino Nano 之间，都通过 USB 数据线连接。Arduino 和舵机之间通过连接线，按图 3-35 所示的方式连接。

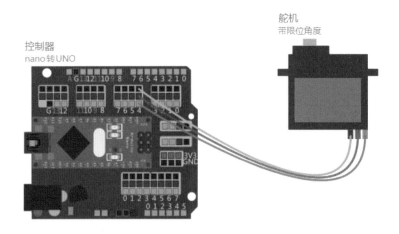

图 3-35 舵机的连接

本项目示例中用 3D 打印设计了如图 3-36 所示的垃圾桶。该桶有 4 个分格，通过舵机控制上盖的角度，通过上盖中的缺口来打开相应的垃圾桶的分格。也可以直接用纸板作盖，加四个普通垃圾桶制作类似装置。

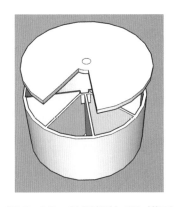

图 3-36 垃圾桶的 3D 模型

2. 垃圾分类的学习程序

本程序需要在 Kittenblock 中添加视频侦测和机器学习 5 模块，并且需要多个垃圾的实物或者图片。示例程序中，设置了每类垃圾学习通过 10 个实物或者图片来学习，可根据实际情况调整。数据越多，训练次数越多，效果越好。程序如图 3-37 所示。

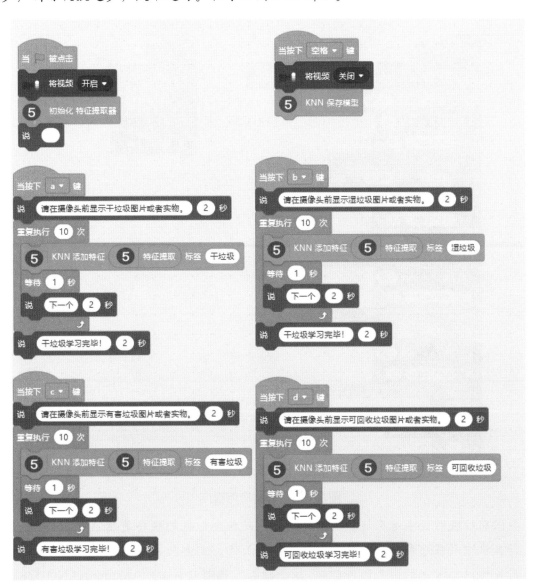

图 3-37 分类训练程序

训练完成后，需要运行模型保存操作。示例程序中，通过按下空格键，程序关闭摄像头，并弹出用于设置文件保存位置的对话框。

3. 垃圾分类的应用程序

训练好的模型在应用中需要首先加载，加载好模型以后，对一个新的垃圾进行预测。预测的结果转化为控制指令，打开相应的垃圾桶。对垃圾进行识别的程序在计算机中运行，而控制垃圾桶的程序，是通过 Arduino 来实现的，所以需要通过数据线连接一个 Arduino 控制板。

通过"恢复固件"按钮、USB 数据线，在 Arduino 上面安装一个通信程序，就可以在

Kittenblock 中直接执行命令，控制 Arduino 控制板上连接的模块如舵机的运动。

图 3-38 是项目示例中的程序，使用时首先单击旗帜加载相应的模块和已经训练好的模型，然后通过按空格键开始识别垃圾，当得到垃圾对应的分类时，控制舵机将其转动到相应的垃圾桶分格。

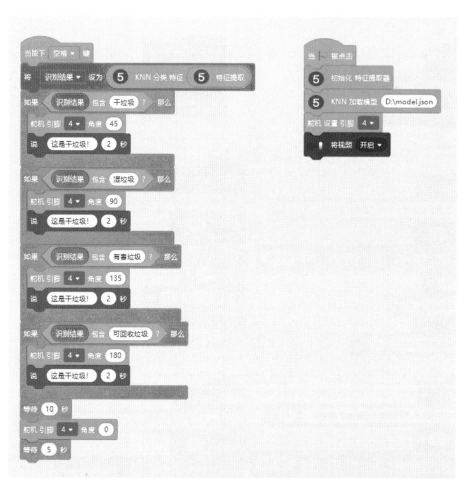

图 3-38　分类应用程序

注意：识别垃圾的程序是在计算机中运行的，而控制舵机的程序是在 Arduino 控制器上运行的。要让计算机中的程序和 Arduino 上的程序协同工作，需要在 Arduino 上安装一个通信程序，方法是利用 Kittenblock 上的恢复固件功能。这个按钮在选择硬件（如 Arduino NANO 328）后出现，如图 3-39 所示。

图 3-39　恢复固件

● 项目实施

参照项目示例，对选择的主题进行分解，找出需要训练的部分和应用的部分，收集训练数据，分别制作相应的程序和装置来实施。

● 成果交流

各小组运用数字可视化工具，将所完成的项目成果，在小组和全班中，或在网络上进行展示与交流。

● 活动评价

各小组根据项目选题、拟定的项目方案、实施情况以及所形成的项目成果，根据本书附录的"项目活动评价表"，开展项目学习活动评价。

本章扼要回顾

同学们，请通过本章的学习，根据"人工智能"的知识结构图（见图 3-40），扼要回顾，总结、归纳所学过的内容，建立自己的知识结构体系。

图 3-40 "人工智能"知识结构图

回顾与总结

附录　项目活动评价表

项目学习过程	创新创作素养达成	一级指标	二级指标	评价结果
选定项目	从现实世界中选择明确的项目主题，形成创新的敏感度和价值判断力。分析项目目标的可行性	项目选题	从现实世界选择项目主题的能力 化抽象概念为现实问题的能力 对创新的敏感度和价值判断力	□优秀 □良好 □中等 □仍需努力
		项目分析	分析项目目标的能力 分析项目可行性的能力 从现实世界发现项目素材的能力	□优秀 □良好 □中等 □仍需努力
规划设计	组建团队与明确项目任务，体现正确的社会责任意识。规划项目，交流方案	项目规划	组建团队与明确项目任务的能力 规划项目学习工具与方法的能力 预期项目成果的能力	□优秀 □良好 □中等 □仍需努力
		方案交流	交流项目方案的能力 完善项目方案的能力 体现正确的社会责任意识的能力	□优秀 □良好 □中等 □仍需努力
活动探究	通过团队合作，围绕项目进行自主、协作学习。开展探究活动，提升信息获取、处理与应用、创新能力	团队合作	自主学习能力 分工与协作能力 交流与沟通能力	□优秀 □良好 □中等 □仍需努力
		探究活动	信息获取与处理能力 探究与联想能力 实践与创新能力	□优秀 □良好 □中等 □仍需努力

续表

项目学习过程	创新创作素养达成	一级指标	二级指标	评价结果
项目实施	针对项目进行分解，明确需要解决的关键问题，并采用科学的思想方法，在形成问题解决方案的过程中，实现预设目标，完成作品	工具方法	采用科学的思想方法的能力 使用数字化工具与资源的能力 数字化学习能力	☐优秀 ☐良好 ☐中等 ☐仍需努力
		实施方案	针对项目进行分解的能力 明确需要解决的关键问题的能力 完成方案中预设目标的能力	☐优秀 ☐良好 ☐中等 ☐仍需努力
项目成果交流与评价	与团队成员共享创作的快乐，提升批判性思维能力与社会责任感。评价项目目标与成果质量效果	成果交流	清晰表达项目主题与过程的能力 与团队成员共享创造与分享快乐的能力 提升批判性思维能力与社会责任感	☐优秀 ☐良好 ☐中等 ☐仍需努力
		项目评价	运用新知识与技能实现项目目标的能力 项目成果的可视化表达质量 项目成果解决现实问题的效果	☐优秀 ☐良好 ☐中等 ☐仍需努力
综合评价				